# 黒い直方体と交錯するパッサージュ

大阪中之島美術館 建築ドキュメント

学芸員・行政担当・コンペ審査員・構造家・建築家の証言

遠藤克彦



青幻舎

肩書の※印は大阪中之島美術館建築プロジェクト当時のもの

# 目次

5
はじめに
遠藤克彦（建築家・遠藤克彦建築研究所代表取締役）

18
黒いシンプルな直方体の中に複雑な立体パッサージュを計画すること、そこに現代性を表現したのです
遠藤克彦

66
徹底した公平性と透明性を貫いて完成した美術館
菅谷富夫（大阪中之島美術館館長・大阪中之島美術館建設準備室室長※）

80
プロポーザルではなくコンペにした理由、過去の実績よりも未来の可能性に賭けたかった
洞正寛（大阪市行政担当者・大阪市経済戦略局文化部新美術館整備担当課長※）

92
つかいにくい美術館にはさせない。デザインと機能の拮抗、審査委員長として
山梨俊夫（美術史家・国立国際美術館館長※・大阪中之島美術館審査評価会議委員長※）

102 大阪のことをよく知らないことがいい方向に作用した遠藤案
嘉名光市（都市計画家・大阪公立大学大学院工学研究科都市系専攻教授・大阪中之島美術館審査評価会議委員※）

114 きびしい参加条件を外すことが、ぼくが審査員を受ける条件でした
竹山聖（建築家・設計組織アモルフ代表取締役・大阪中之島美術館審査評価会議委員※）

130 建築家のコンセプトをかたちにする慎重かつ必死な構造家の仕事
佐藤淳（構造家・佐藤淳構造設計事務所技術顧問・東京大学大学院新領域創成科学研究科准教授）

140 要項が求めていることを、いかにかたちにするか、という戦略
大井鉄也（建築家・遠藤克彦建築研究所元スタッフ・大井鉄也建築設計事務所主宰・国士館大学理工学部理工学科准教授）

148 建物で街が変わることを実感できた貴重な体験
外﨑晃洋（遠藤克彦建築研究所設計室主幹・大阪中之島美術館意匠担当主任）

160 建築が発揮できるであろう性質は、アリストテレスの時代から変わっていない
こういう基本的な建築のもっている性質をうまく活かすことが重要なのです
原広司（建築家・東京大学名誉教授・原広司＋アトリエ・ファイ建築研究所主宰）

# はじめに

大阪中之島美術館は、2017年「(仮称)大阪新美術館公募型設計競技」において、弊社が最優秀に選定され、2022年2月2日に開館した。

本著は、設計競技(以下、コンペ)への参加から大阪中之島美術館の開館後まで、その経緯を振り返る遠藤へのインタビューに始まり、関係者や審査員への貴重な言説にて構成されている。コンペ参加のエピソードから、開館にいたるまでのストーリーを、さまざまなリアルな「声」をもって記録した一冊である。

関係者として、まず、大阪中之島美術館館長菅谷富夫様にご登場いただき、大阪中之島美術館建設準備室室長当時から、コンペ選定、開館後にいたるまで、美術館当事者の視点からお話しいただいた。

大阪市都市整備局ファシリティマネジメント担当部長(現職)の洞正寛様には、大阪市経済戦略局文化部新美術館整備担当課長であった当時にインタビューし、コンペの実施要領作成までのご苦労やそこに込められた想いについても語っていただいた。

元国立国際美術館館長であり、大阪中之島美術館審査評価会議委員長を務められた山梨俊夫様には、美術館界の重鎮としてのお立場から、実施要領構築に向け、「つかいやすい美術館」の実現のためにどのようなご深慮をいただいたか、また、審査に臨まれた姿勢についても詳細にお話しいただいた。

審査員のおひとりであった嘉名光市様には、大阪の街並みの景観活性化に携わられている視点から、特に中之島の活性、魅力づくりについて、数々のお言葉をいただいた。

同じくコンペ審査員のおひとりであり、大学院の大先輩としても尊敬する竹山聖様には、コンペやプロポーザルへの貴重な提言も含め、建築界の未来を照らす力強いメッセージをいただいた。

大阪中之島美術館の構造家である佐藤淳様には、本美術館の設計上の大きな特徴である立体パッサージュ実現のためのアプローチについて語っていただき、中之島という土地特有の免震構造についての計画も詳細に述べられている。

私にとって身近な存在であるスタッフにも登場してもらった。

元スタッフの大井鉄也君は、2009年当時にさかのぼり、弊社がどのようにコンペやプロポーザルに臨んでいたか、いまの私の姿勢にもつながるスタンスを語ってくれた。

現スタッフであり、大阪中之島美術館設計の意匠担当主任であった外﨑晃洋には、コンペ応募時から美術館開館までの経緯を、現場スタッフとして臨場感を込めて語ってもらった。

最後に、私の大学院時代の恩師であり、東京大学名誉教授である原広司先生には、建築の公共性という視点から、建築家が矜持とすべきことについてお話しいただいた。決して優等生とはいえなかった不肖の弟子に対し、尊敬する師よりお言葉をいただけたことは感無量であり、同時に大変身の引き締まる想いであった。

なお、関係各位へのインタビュー取材は、コンペ選定後、2017年春に大阪にオフィスを構えた頃から始まっている。このインタビューにあたっては、白須寛規氏、春口滉平氏にご尽力いただいた。そこから、大阪中之島美術館が開館した2022年まで約5年の歳月を経て、編集者による新たなインタビューも加え、本書を構成させていただいている。出版にあたっては、青幻舎編集部の鎌田恵理子さんにご尽力いただいた。この場を借りて御礼を申し上げたい。

改めて振り返ると、大阪中之島美術館のコンペは、大規模建築の設計経験が豊富ではないアトリエ事務所にも広く開かれた、大変オープンなものであった。この設計に関わることができ、その軌跡をコンペに関係する皆様の言説にて上梓させていただく運びとなったことへ、深謝の想いは言葉に尽くせない。

公共建築としての大阪中之島美術館の背景を伝える本著が、現代の建築の状況を考える読みもののひとつに加わることができれば幸いである。

2023年7月吉日　遠藤克彦

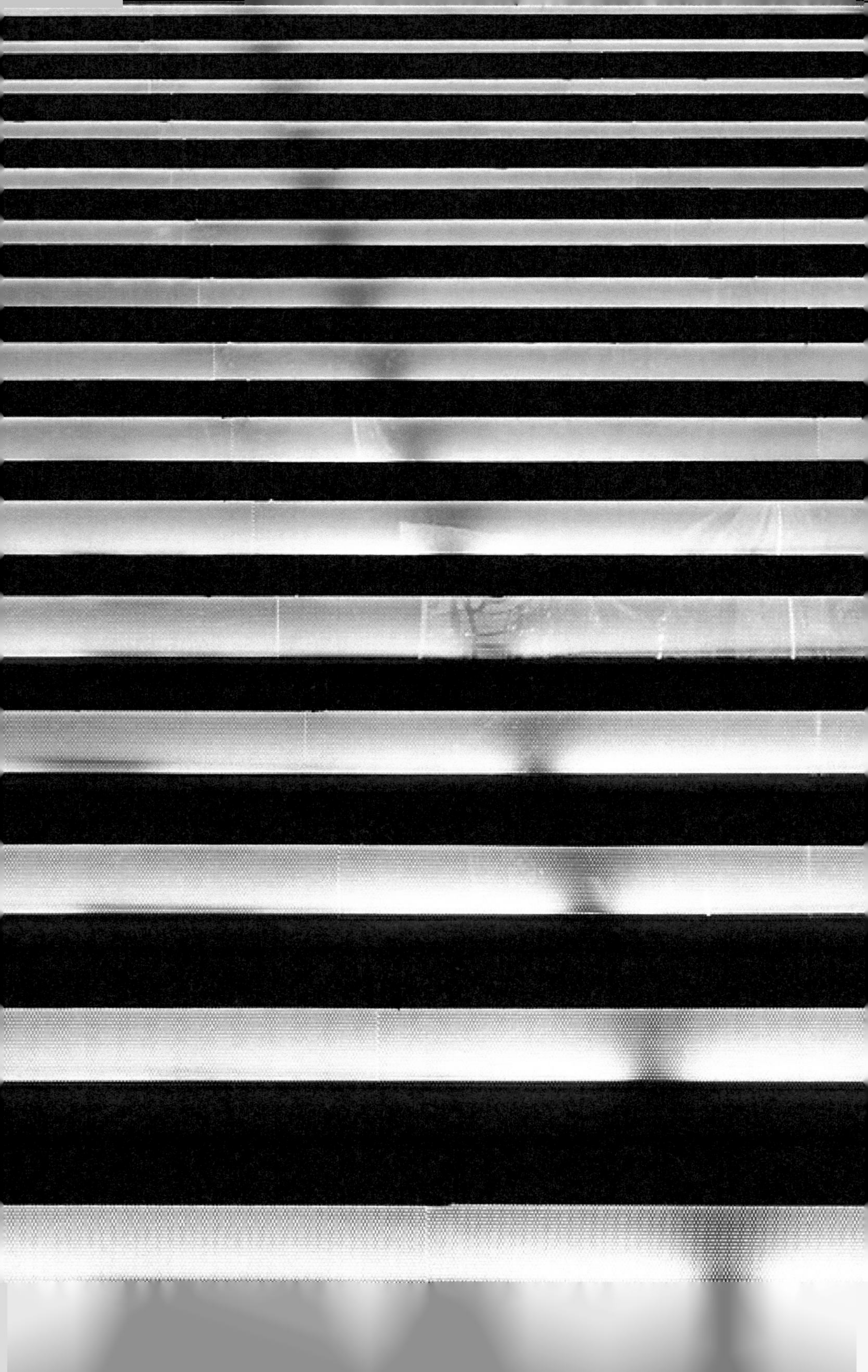

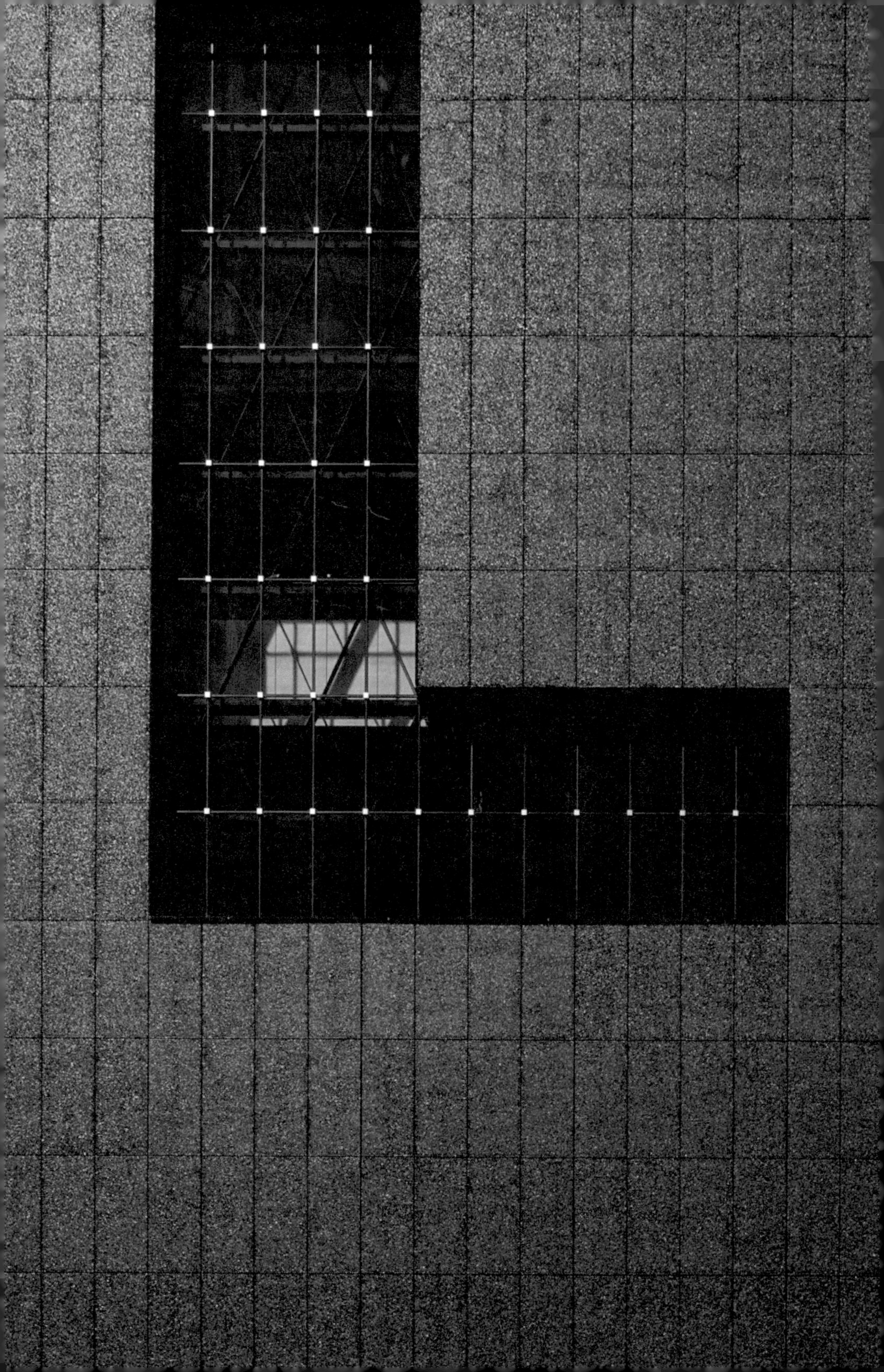

黒いシンプルな
直方体の中に
複雑な立体パッサージュを
計画すること
そこに現代性を表現したのです

遠藤克彦
遠藤克彦建築研究所 代表取締役

Endo Katsuhiko

Architect

# 1

## 大阪中之島美術館の設計案が生まれるまで

——まず、大阪中之島美術館[1]の設計競技に応募された経緯についてお話を聞かせてください

2016年8月に実施要領が発表された「(仮称)大阪新美術館公募型設計競技」に応募した当時、うちの事務所は私を含めてスタッフがたったの5人でした。東京の小さなアトリエ系設計事務所の案が、大手設計事務所や海外からのエントリーも含む応募総数68者の中で最優秀となったこともあって、選定された当時は、ある意味では事件的に設計業界内で取りあげられていたかと思います。また選定後に時間を置かずに大阪オフィスを開設して、拠点を大阪に移したことも周囲には驚かれましたね。

[1] 1983年に大阪市制100周年記念事業基本構想のひとつとして近代美術館の建設が挙げられ、1990年に準備室設置。2017年2月9日、公募型設計競技により設計者として遠藤克彦建築研究所を選定。2018年に大阪中之島美術館が正式名称として決定。2022年2月2日開館。19世紀後半から今日にいたる日本と海外の代表的な美術作品を核としながら、地元大阪で繰り広げられた豊かな芸術活動にも目を向け、4900点を超える寄贈作品と購入作品を合わせた6000点超のコレクションを所蔵している(2021年4月現在一寄託品を除く)。

私は大学院在学中の1997年に27歳で事務所を開きましたが、当時から〝自ら仕事をつくる〟という姿勢で、参加できる設計競技(以下、コンペ)やプロポーザルにできるだけ多く取り組んでいました。とはいえ、個人住宅や別荘の設計が中心で、大阪中之島美術館のコンペの前に手掛けていた大規模建築は、約1350平米の「豊田市自然観察の森ネイチャーセンター」(2010年)や約3400平米の「東京大学生産技術研究所アニヴァーサリーホール」[2](2012年)くらいでした。「(仮称)大阪新美術館公募型設計競技 実施要領」(P.202〜掲載)には、参加資格「延床面積2000平米以上の施設の新増築にかかる設計業務の実績があること」とありました。資格的にはクリアしていたものの、美術館部分の総延床面積は約1万6000平米で、経験したこともない大規模な案件でしたので、参加するかはスタッフたちとかなり悩みました。ただ、この直前に応募していたプロポーザルに1次で落選してしまっていたこともあり、時間にも余裕があったので参加することにしたのです。

**――大阪中之島美術館の場合はコンペでしたが、プロポーザルとの違いは**

コンペは、求められた設計内容に対し、明快なコンセプトを抱えた「設計案」そのものを提案するものです。対してプロポーザルは設計の提案だけでなく、事業実施方針、実施体制、地域との協働体制などについても考察し、建築するにあたっての「総合的な考え方」を提案する方法といえます。

コンペの場合は純粋に設計案に対する評価がなされるのに対し、プロポーザルでは総合的な設計方針が提案できるかどうか、ということが評価されるという違いがあると思います。総合的な考え方を提案する「人」を選ぶといってもいいかもしれません。

現在は多くの自治体がプロポーザル方式を採用する傾向にありますが、大阪中之島美術館はコンペでした。このコンペという「設計案ありき」の選定方式で選ばれたことには、非常に大きな意味があると思います。そこに大阪市のご担当者や美術館準備に関わった多くの方々の並々ならぬ決意や情熱があったことは、のちに知ることとなりました。

## ――コンペやプロポーザルの案作成に、ふだんどのように取り組まれているのでしょう

他の設計事務所での進め方はわかりませんが、私がコンペやプロポーザルに応募すると

［2］東京大学生産技術研究所60号館の改修工事。設計は、遠藤克彦建築研究所、東京大学生産技術研究所今井研究室 今井公太郎、東京大学施設部。2012年竣工。

きに設計案を組み立てる方法はふたつあります。ひとつ目は、リサーチすることから始める方法。まず敷地調査を行って状況の把握をし、その結果、標準設計（複数の標準的なタイプをもとに、新規に対象建築物の設計をすること）を考察し、諸条件を把握したうえでコンセプトを考えていく方法です。もうひとつは、実施要項（以下、要項）[3]を読み込み、先にコンセプトを考えたあと、本当にそれが成立するかをリサーチして確かめる方法です。

このふたつは違うように見えますが本質的には同じで、設計案へと到達するアプローチの違いだけです。どちらの方法が適するかは、プロジェクトの雰囲気を感じ取って決めています。

設計案を組み立てたあと、たとえば、過去の作品に共通するようなイメージを感じても、それを安易にプランにしないようにしています。過去のコンセプトはいつでも引き出せますが、それをスタッフに押しつけたりしてはいけないと思っているのです。そこはドライに、誰よりも自分自身に客観的であらねばならない。もちろん、結果的に過去のコンセプトが生かされた案件もあります。ただ、まだスタディ[4]を重ねていない段階で、最初から意識をそこにもっていかないように気をつけています。

**――大阪中之島美術館の1次審査応募までの経緯は**

2016年8月上旬に実施要領が開示されてから、応募締切りの9月末までは約2カ月の期間がありました。

このコンペでは、まず中之島へ敷地調査に行きました。スタッフのほかにも、当時、夏休み期間にインターンとして事務所に来ていた学生たちと総勢7人、レンタカーのミニバン1台で、東京から片道6時間近くかけてのドライブでした。

私自身は、それまでに中之島には一度訪れたことがあるかないか程度でしたので、あまり先入観なく、ニュートラルな気持ちで現地に臨んでいます。敷地調査で常に意識的に行っているのは、敷地を遠くから眺めることです。このときもスタッフとは別に、私ひとり、離れたところから車や人の流れを見ていました。敷地の北側に堂島川があって、東側には「中之島四季の丘」があって、けっこう緑もある、そんな状況を時間をかけて観察し、敷地の可能性を考えていました。

夜は学生たちを連れて、難波で串カツを食べたりしましたが、そういうことも街の空気を肌で感じられる大切な時間です。そして何より、建築が好きな人と過ごす時間は楽しいです

[3] 本書では、建築設計競技における設計要件などを記した募集要項を指す。一般的に、設計条件や応募資格、提出に必要な書類の内容について書かれている。なお、「(仮称)大阪新美術館公募型設計競技 実施要領」(P.202〜掲載)を指す場合は実施要領と記載。

[4] 建築設計における検討。スケッチや図面、模型などが主に用いられる。

から。

また現地について見聞を深めることも敷地調査の大切な要素ですので、周囲の国立国際美術館[5]や大阪市立科学館はもちろん、1泊2日という限られた時間ではありましたが近隣のミュージアムに訪れました。そのなかで、中之島の東側にある大阪市立東洋陶磁美術館にも寄ったときに大きな出会いがありました。展示されていた《油滴天目茶碗》[6]です。器の外側は落ち着いた黒の印象なのに、中は金・銀・紺の斑点が輝いています。この明と暗の世界は、今回の美術館のモティーフになるのではと、漠然と思いました。《油滴天目茶碗》を見たことは偶然でしたが、結果として、黒い直方体の外観と、縦横に貫かれた明るく光に満ち溢れたパッサージュというコンセプトにつながっていくことになりました。

東京に戻ってからざっくりとしたコンセプトをまとめ、インターン生たちにも要領を渡し、徹底的にスタディをしました。彼らにも模型をつくらせ、ここがいいとか、ここがダメだとか、またルールを変えて、検証を繰り返して、インターンがいた3週間で、約40案の模型ができました。その結果、実施要領で求められていることが分析できて、「やるべきこと」と「やるべきでないこと」が見えてきました。

**――立体的なパッサージュという発想はどのように生まれたのでしょうか**

学生たちとのスタディ作業を終えて、提出期限の9月末に向けて、いよいよコンセプトをまとめる段階となりました。この考えが整理されてきたタイミングで、実施要領にあったパッサージュ[7]について考えていた際、かねてより興味をもっていた彫刻家エドゥアルド・チリダ[8]の作品のひとつである、シンプルな立方体の作品を思い出しました。この作品のイメージから、塊からヴォリュームを引いていき、その穿った空間に公共性を帯びさせる、「立体的なパッサージュ」というアイデアが湧いてきて、この考えが最後まで設計方針を牽引するものとなりました。

具体的な計画としては、敷地の高低差を解消する人工地盤状の「地形」をつくり、展示室関係を「浮いたヴォリューム」とし、「地形」と「浮いたボリューム」の間にパッサージュを巡らせています。基本の階構成はその段階で決まりました。ただ、この時点では、最上階には中庭

---

[5] １９７０年の日本万国博覧会開催に際して建設された万国博美術館を活用し、１９７７年に開館。その後、２００４年に中之島西部地区に、完全地下型の美術館として新築、移転。設計はシーザー・ペリ&アソシエーツ。

[6] 大阪市立東洋陶磁美術館所蔵の油滴天目茶碗（国宝指定）は南宋時代（12~13世紀）に中国福建省の建窯で製造され、鎌倉時代に日本にもたらされた。油滴とは釉薬に含まれる鉄分が釉の表面で結晶したもので、水面に浮かぶ油の滴のようにみえる金・銀・紺の斑点からその名で呼ばれる。

[7] フランス語で「小径」などをあらわす。18世紀以降のパリを中心につくられた、ガラス製アーケードに覆われた歩行者専用通路の両側に商店が並んだ商業空間。文芸評論家のヴァルター・ベンヤミン（１８９２~１９４０年）の遺稿『パサージュ論』が１９８２年に刊行され、現代でも認知されるようになった。

[8] スペイン、サン・セバスティアン出身の彫刻家（１９２４~２００２年）。鉄や石、テラコッタなどで抽象彫刻を多数制作した。

やテラスがある構成で、そこにパッサージュを巡らせていませんでした。案の検討を重ねるうちに、上下のつながりを積極的につくったほうがよいのではないかという話になり、1階から最上階へ、パッサージュが立体的につながっていく発想がここで生まれました。黒い外観のなかでは、塊を穿ったように「閉じられた空間」「開かれた空間」が展開されていて、1階から5階まですべてがパッサージュでつながるかたちとなり、ここでほとんど最終案に近くなりました。

この「閉じられた空間」「開かれた空間」という構想は、私の設計コンセプトに常にあるものです。たとえば、別荘であれば、リビングとダイニングといった家族にとっての「開かれた空間」があり、これは建物外形からヴォリュームをくり抜いたものです。もう一方は、寝室やサニタリー、書斎などの「閉じられた空間」で、先の形態操作によってくり抜かれた残りの部分です。この性格の「パブリック」と「プライベート」という異なるふたつの空間は、その間を横断する動線を計画することで、小さな住宅の中にある種の社会性を生むことになります。

この発想は、美術館のような公共建築にも応用できると考えていました。つまり「開かれた空間」はパッサージュであり、「閉じられた空間」は展示室や収蔵庫です。先に空間ありきの設計ではなく、塊から掻き取られたものとして空間をとらえる、そういう建築的な視点が大阪中之島美術館での構想の元となっています。

そして、「単純さのなかにある複雑性」というものも、私が大切にしているコンセプトです。たとえば、過去につかわれていた携帯電話には、たくさんのボタンがついていましたが、現在のスマートフォンの表面にはひとつのボタンも見えません。しかし、その拡張性は普通のPCを凌駕さえしています。「見えている」ものの背後に、素材と技術が隠されていることが現代性であり、大阪中之島美術館のコンペでその現代性を建物でも具現化しようと発想したのです。黒いシンプルな直方体のなかに、複雑な立体パッサージュが構成される、そのコントラストに現代性を表現したいと考えました。

## ――黒い直方体という外観は大変インパクトがあります

外観を黒にすることについては、かなり悩みました。最終的に黒に決めたのは、周囲がオフィス街でグレーの建物が多いなかで、シンプルな造形を黒が際立たせると考えたからです。また、都市でこのスケールの黒い建物というのは、なかなか見たことがない。もちろんコストは意識しつつ、こだわった素材をつかい、その調達やロジスティクスまで含めた課題を超えていかないと、新しい風景は見られないとも考えました。

あの黒い外壁には、玄昌石といわれる黒い石がつかわれています。専門的に説明すると、プレキャストコンクリートパネルと呼ばれるコンクリート部材の表面に意匠ファンデーションとして、骨材に岩手産の玄昌石、京都宇治産の砕砂、そして黒顔料を混ぜたコンクリートを金型に流し込み、併せてJIS規格の軽量コンクリートを背後よりかぶせて打設、一体物として成型しています。固化後に超高圧ウォータージェットによって深さ5ミリメートル程度まで荒らしているのですが、この表面をわずか5ミリメートル削る造作で、深い陰影がもたらされ、かなりの漆黒を表現することが可能となりました。ちなみに、もうひとつ大切なこととして、この外壁デザインはガラス素材などと違って光を反射させないので、周辺に光害をもたらさないという環境的効果もあります。

しかしながら、この黒い壁の完成は非常に大変でした。幅約63メートル四方のあの外壁はすべて手仕事です。施工会社の苦労のすえ、全体が美しく黒一色をまとい、同時に手仕事の所作も感じられる、大規模建築には珍しい風合いをもつ唯一無二の壁になったのではないかと思います。

都市のなかに漆黒のヴォリュームがあって、中に入ると輝きがある。美術品も輝いているけれど、あのパッサージュをキラキラとした空間にすることで、人も輝かすことができると思ったのです。《油滴天目茶碗》にインスピレーションを受けて、それを美術館という建築のスケールで具現化することにつながっています。

## ――1次審査と2次審査で変更した点はあったのでしょうか

1次審査ではイメージ図をつくるにあたりまず模型をつくり、その後写真でパースを作成しました。その内観パースでは内壁をゴールドにしていたのですが、少し輝かせすぎだと思ったので、2次ではプラチナシルバーにして、トーンを抑えました。変更したのはこの程度で、1次と2次でプランは基本、変えていません。変えていいものだと思わなかったせいもあります。案を変えたところもあったらしいのですが、私たちは行いませんでした。

1次審査の提出締切りが2016年9月末で、2次審査に進む5社の発表が10月19日にありました。その発表の日は山梨にいたと思います。実は直前の10月13日に建築家の小嶋一浩さん[9]が亡くなって、意気消沈していました。大学院時代の恩師である原広司先生の大学院研究室の先輩で、仕事のことで悩めば何でも相談に乗ってくださる兄のような存在で、私の独立も応援してくださった方でした。お通夜で、原若菜さん[10]がいらっしゃって、「あなた大きなコンペに残っているそうね。死ぬ気でやりなさい」と言われました。「覚悟するの

[9] 建築家。東京大学大学院博士課程在学中にシーラカンスを設立。CAt（シーラカンスアンドアソシエイツトウキョウ）に改組し、パートナーを務めた。横浜国立大学建築都市スクール教授などを歴任。2016年、57歳で逝去。
[10] 建築家。原広司＋アトリエ・ファイ建築研究所主宰。

よ」だったかな、そんなふうにおっしゃっていただきました。

後日改めて、原先生に1次審査通過のご挨拶にうかがい、計画案を見ていただいたのですが、そのときに先生は「何か、この案が選ばれた理由があるんだよ」とおっしゃって、「2次では詳細設計に進むからといって、他の案にはなかったその〝何か〟を消してしまっては絶対にダメだ」と言われました。それで、できるだけかたちを変えずに、どうやったらよくなるかということだけを考えることにしました。

2次通過の発表から次の提出1月16日までは約3カ月あったのですが、設計は12月中に終えて、1月からはじっくりプレゼンの準備をすることにしました。CGは12月中ずっとつくっていましたが、それでも最後は連日大変でした。何しろ私を入れて5人の事務所でしたから。

もちろん、他の仕事もありますから、大阪中之島美術館だけに専念できたわけではありません。そんな日常はありつつも、冷静にプランを見直す期間があったのはよかったと思います。コンペの当事者が、自分の案を盲目的に愛してしまうのは、とても危険なことです。ですから、自分の案について冷静に検討を重ねる期間を得たことは、非常に大きかったと思います。

## ——冷静であることを課していたのでしょうか

意識的に冷静さを課していたと思います。しかし、大きなコンペですから、2次審査に向かう期間、それなりの想いはあったと思います。それと共に、私のなかには、人生の節目において自分で選択をしてこなかったことへの後悔があったのです。しかし、大阪中之島美術館のコンペは間違いなく自分で選択したものでした。

私には、大学の卒業設計のときに経験したことがトラウマにあって、「今度は逃げたくない」と思っていました。こういうチャンスは二度と来ないだろうから、これでがんばらなければまた後悔すると感じていたのもあります。

## ——2次審査のプレゼンテーションはどのような雰囲気でしたか

会場は大阪市中央公会堂でした。大阪を代表する歴史的建造物のひとつで、重厚かつ端正なたたずまいが有名ですが、当日はその雰囲気をゆっくり味わう余裕はなかったのか、正直、詳細な光景は覚えていません。

発表者の登壇順を決めるのがくじ引きの場合は、いつも同行するスタッフに引かせます。

このプレゼンのときもくじ引きで、私は内心、1番目か5番目がいいと思っていたら、のちに大阪中之島美術館の意匠担当主任となった外﨑晃洋(P.148〜掲載)が5番目を引いてくれました。

登壇したのは、東畑建築事務所[11]の永田久子さん(現本社オフィス大阪代表)、佐藤淳構造設計事務所の三原悠子さん(現グラフ・スタジオ)、外﨑、遠藤の合計4人。遠藤が設計全体について、永田さんが設備設計について、三原さんが構造設計について、それぞれ説明を担当するという布陣です。

永田さんは、東畑建築事務所の大阪オフィスにご挨拶にうかがったとき、「どうも〜!」と満面の笑顔で迎えてくださって、この瞬間、プレゼンをこの方にお願いしたい、と心に決めていました。建築業界は、まだまだ男性社会という印象が強いです。そんななか、女性で、明るいキャラクターで、大阪建築業界の有名人である永田さんのような方にご登壇いただけたらと思ったのです。登壇者の4人中2人が女性というチーム構成は、なかなかよかったのではと思います。

私もプレゼンは、練習に練習を重ねていたので度胸がすわっていて、緊張はしていませんでした。「うちみたいなダークホースが選ばれるなんて皆さん思っていないのだから、思う存分体当たりでやろう。この舞台を楽しもう」そんな気持ちで臨んでいました。

そしてその1週間後、2月9日に最優秀案選定のご連絡をいただくことになりました。それは本当に言葉では言い尽くせないほどの驚きでもありました。

## ――いま、コンペを振り返って、思われることは

2017年2月、47歳になったばかりのときに設計者として選ばれたわけですが、そのタイミングは一般的には「遅咲き」と受け取られたかもしれません。自分でもスロースターターであることは否定しません。今回のような大きなコンペで選定していただくまでには時間がかかったほうだと思います。ですから、20代、30代の若さで賞レースをにぎわし、華々しく活躍する建築家がうらやましくなかったといったら、それは嘘になります。

一時期、ちょうど大阪中之島美術館のコンペがある前あたりの数年、建築から逃げていたこともありました。ロードレースタイプの自転車でのサイクリングも大好きで、けっこうアウトドア派なのですが、その頃の私はプライベートの時間をほとんどそれらに割いていました。当時は気がついていませんでしたが、いま思うと、それは建築という仕事からの逃

[11] 株式会社東畑建築事務所。大阪中之島美術館の設計協力事務所。

避だったと思います。「自分はもっとできるはず」とは思っていてもままならない現実からの逃避でしょうね。プロ並みにハードなレースにも参加していたため、私の身に何かあったら大変だからと、自転車をやめるように真剣に忠告してくれた人がいました。当時スタッフだった大井鉄也（P.140～掲載）もそのひとりでした。

そして、基本的には非常に粘り腰なのでしょう。失敗してもリベンジしようと立ち直るメンタルタフネスはあるようで、そういう意味では全くオールドタイプの人間でした。いまの時代に建築を目指す若い人にはあまり参考にならないかもしれませんが、「遠まわりも悪くない」「決してあせってはいけないのだ」と、そのことだけはアドバイスできるような気がします。

# 2

## 大阪中之島美術館の設計者となるまで

### ——建築家を志したきっかけは

小学校の卒業文集には「一級建築士になりたい」と書いていましたが、これは父親が建築士だったのでその言葉を書いてみたかった、という程度のもので、それから高校生にいたるまで、実は建築家になることは考えたこともありませんでした。父は建築士でありつつ、藍染工房を開くなどアーティストタイプ。私は男3人兄弟の長男で、弟は、ひとりが音大へ行ってメディアアートを志し、もうひとりは陶芸家です。しかし当時高校生の私には、何になりたいとか具体的な目標は全く無かったのです。

私が、「建築家」という言葉を意識したのは武蔵工業大学（現東京都市大学）の建築学科に入ってからです。建築学科を専攻しているのにおかしな話ですが、高校時代、少々数学と物理が得意だったので、それを生かせる学科への進学を考えていました。でも、物理を生かせる職業というものが当時の自分には思いつかなかった。数学を生かせる文系の経済学部というのも面白そうだな、などと思っていました。経済学への興味はその頃からあって、いまもそれは変わっていないかもしれません。現代の建築設計において、経済は建築と密接に結びついていると思うので、数字的なことにも関心をもつことは建築家に必要な要素だと思っています。

しかし、当時の私にはもちろんそんな意識がある訳もなく、選択肢として経済学部に進むのがベストなのかどうなのかを悩むなか、ある日、父に進路を相談したら、「建築は無から有を生み出せる仕事だから、建築はどうだ」と言われて、はじめて心が「建築」に動きました。また、父は「建築の構造設計は数学的なものを生かせるぞ」「構造は食える」とも（笑）。当時、市井の建築士として個人住宅など小さな建築に関わっていた父は、構造家という職業に安定性を感じてわが子にすすめたのでしょう。それで、私はそのときは意匠デザインではなく構造を学ぶつもりで、建築学科のある大学に入学しました。

入学早々驚いたのは、同級生たちの建築への知識の豊富さでした。私は丹下健三と黒川紀章くらいしか知らなかったのに、海外の建築家までたくさん知っていて、なぜこんなに詳しいのだろうと驚いたわけです。

「設計」というものに、関心をもつようになったきっかけは、1年生のときに受けた授業でした。それは、広瀬鎌二先生[12]の設計製図授業で、広瀬研究室に配属された4年生と大学院生が、15名1組の1年生に対して、朝から夜中まで、終日つきっきりで、設計を一から教えてくださいました。みんな、やっと製図の線を描き始めたばかりで何もわからない状態でしたが、必死でついていきました。6月と7月の2カ月間でいきなり別荘を設計させるという、なかなかタフな設計課題があったのですが、ビギナーズラックといいますか、いきなり高評価を得ました。

それで気をよくして、「こんなに面白い世界があるのだ」と、たちまち建築設計の楽しさに目覚めて、入学後半年もたたないうちに、構造には全く興味をもたなくなっていました。あまりにもあっけない心変わりですが、のちに佐藤淳(P.130~掲載)のような天才的な構造家に出会って構造設計の深遠さを知ると、彼のレベルになることなどとても私には無理なので、この時点で構造の道に進まなかったことはなかなか正しい選択だったと思っています。

次に待っていた夏課題は、100平米程度の「都市住宅」。確か、青山のコム・デ・ギャルソンのブティックの前にあった駐車場を敷地に想定しての課題でした。受験を終えてやっと解放された夏休みであるにも関わらず、その小さな住宅の設計に没頭しました。ふたつ目の課題も楽しくて、建築設計への興味は高まるばかりでした。しかし、その次の設計製図の授

[12] 建築家(1922~2012年)。神奈川県生まれ。鉄骨などの工業製品を使用した住宅建築「SHシリーズ」を手掛けた。1966年から1993年まで武蔵工業大学教授を務める。

業で恐ろしい事態が待っていまして、それは各自が夏課題で好きに設計した建物の、その軸組図や矩計図、そして軸組模型（模型用の木材を組み合わせて構造の架構をつくる模型）を制作することだったのです。学生たちは皆、自分のつくった荒唐無稽ともいえるデザインを、実際の設計に落としていくという苦労を、身をもって知らされることになったわけです。この設計製図授業の苦労はいまも忘れられません。30年経っても忘れないということは、それだけ本質をついた深い授業だったということだと思います。変なものをつくったら自分が苦労し、設計を実現するには責任をとっていかねばならない。この難儀なプロセスを逆に魅力的に感じ、どんどん建築に引き込まれていきました。

そこで建築にどっぷりはまったかというと、そうではないところが私の優柔不断さで、2年に進むと遊んでしまい、ややモラトリアムな学生生活を過ごしていました。

3年になって「きちんとしなければ」と焦り始めた頃、新居千秋先生[13]の製図授業がありました。3年の後期から4年の前期にかけての講義で、そこでまた建築の面白さにはまることになります。新居先生は熱意の塊のような方です。当時、確か40代半ばで、建築家としてもエネルギッシュに数々の作品を手掛けられておられました。

**——大学卒業後は東京大学大学院へ進学されましたが**

それにはふたつの経緯がありまして、ひとつは、4年生のときのこと、当時私はまだ学生ながら、建築士の父の名前を借りていろいろなコンペに挑戦していました。関西で開催された某コンペに参加して、その現地調査に行った帰りに、確か新大阪駅だったと思うのですが、ホームで新幹線を待っていたら、偶然にも横に原広司先生が立っておられて驚きました。真っ黒なスーツ姿で、ものすごいオーラが出ていました。京都駅のコンペの審査があった頃だったと思います。当時は、もちろん面識はなく、単にいち建築学生として憧れていたのですが、そのときに東大大学院に行く気持ちが起こりました。そうすれば、原先生のもとで学ぶ機会があると思ったのです。

また、当時の私は、竹山聖さん(P.114~掲載)の事務所である「アモルフ」に惹かれていて、『建築文化』でその作品が特集された号を穴が開くほど読んだりしていました。それで竹山さんと協働されていた方が在籍していた大学の大学院に進学する気持ちがあったのですが、当時教わっていた先生から、「君が行きたい研究室もわかるけれど、その人たちが教わった原先生がまだ東京大学で教えているのだから、大元の先生のところへ行って勉強し

[13] 建築家。東京都市大学教授(旧武蔵工業大学)、ペンシルベニア大学客員教授。大船渡市民文化会館・市立図書館/リアスホール、新潟市秋葉区文化会館などの設計で知られる。

なさい」と言われたのです。それがふたつ目の経緯で、東京大学大学院へ進学しようと心に決めました。

それで、1992年に受けた最初の院試は落ちてしまったのですが、そこでは諦めたくなかった。今度は中途半端なまま終わりにせず、絶対再チャレンジしたいと思ったのです。

さらに、大学院への進学を決めたものの、この時期、私には苦い思い出があります。卒業設計が失敗に終わったのです。30人中真ん中くらいの順位だったと思います。そうなって当然の内容でしたが、上位に選ばれなかったということよりも、そうなるための努力をしなかった自分が悔しかった。言い訳すれば原因はいろいろあるのですが、結果がすべてです。中途半端な自分を見せつけられたようで、打ちのめされました。このときの体験以来、「失敗した自分」というのは、決して消えることのない重い存在として、ずっと心のなかにあります。ちなみに、最初に原先生の院試を受けたときの面接会場の雰囲気は和やかでした。「落ちた人の面接会場は和やか」というのは、大学院受験生の間では有名な話で、部屋に入った瞬間、(ああ、これはだめだった……)とわかるんですね。

入って着座して面接が開始するなり、原先生は「君は落ちている」と(笑)。でも「君の即日設計はすごくよかった」といったようなことをおっしゃってくださいました。そのとき、先生に「君は設計をやりたいのか」と聞かれ、「いえ、先生のもとで研究をしてみたいです。建築論を学びたいのです」と言ったら、「でも落ちているけど、どうするの？」と聞かれ、「来年も受けます！」と即答していました。実は、親には大学院受験に失敗したら就職すると約束していたので、当然反対されて大げんかとなり、結果、家を飛び出してしまいました。そうまでしても、どうしても今回は後悔したくなかったのです。

飛び出しても行くあてもないので、母校の大学院の製図室に転がり込みました。東京藝術大学の院に落ちて同じような状況だった同級生と、そこに住み着いていた猫と一緒に暮らしていました。いま思うとおおらかな時代です。院試は英語の点数が足りずに落ちたので、院浪中は必死で英語の勉強をし、その間も新居先生のところでアルバイトをしていました。やがて東大の院に受かったときにはその決意が伝わったようで、両親も認めてくれました。

**――大学院に進んだことが大きな転機だったのですね**

私のいまの設計姿勢は、この決断の前後に形成されたと思っています。

受験が9月に終わり、原先生の研究室に入ることを新居先生に報告に行くと、ちょうど先生が「黒部市国際文化センター　コラーレ」のプロポーザルに勝ったところでした。

「基本設計案から考え直そうと思う。お前もちょうど院試が終わって暇だろうから、うってつけのアルバイトだろう」と声をかけてくださり、9月後半から2月くらいまで延々と詰めて設計をしていました。プロポーザルという言葉をはじめて知ったのはこのときで、公共建築の設計案選定としてコンペしか知らなかった学生の自分には新鮮な響きでした。

新居先生はそのときに「民意をかたちにしていく時代が始まる。今後、設計者の選定方法は大きく変わっていく」とおっしゃっていました。いま振り返るとこのプロポーザル後に始まった創案に関われたことが、その後私が公共建築へ向かおうと意識する大きなきっかけとなったと思います。アルバイトという立場ながら、十数人おられた正規スタッフの方々と机を並べて創案に関われたのはまたとない経験で、やりがいがあり、もてる力を注ぎました。

1月くらいになったとき、現在東大教授で、原研で私より3つほど先輩にあたる今井公太郎さん[14]から「研究室配属前だけど、人手が足りないからすぐにアトリエ・ファイに来るように」と電話がありました。アトリエ・ファイは、原先生が大学で指導しているかたわら主宰なさっている設計事務所です。1993年当時、原先生は京都駅[15]の実施設計中で、そして、梅田スカイビル[16]が竣工間際でした。

行ってみると、そこでは原研の学生が延々と作業をしていました。槻橋修さん[17]や山中新太郎さん[18]、大河内学さん[19]、土屋哲夫さん[20]といった面々がおられました。3月竣工の梅田スカイビルで開催される「空中庭園幻想の行方　［世界の塔と地球外建築］」という展覧会のための作業。私は、アトリエで主に模型の作成を手伝っていました。

大学院のスタートは4月ですが、結局6月くらいまで、ほとんど研究室にも行かずにずっとアトリエ・ファイにいて、展覧会オープニング直前の2、3週間くらい前からは大阪で寝泊まりして、会場の展示設営をしていました。このような具合で、M1からD2（博士課程2年）の4年間はずっとアトリエ・ファイでお手伝いをしていました。

今井さんは大切な先輩です。この人に会えたことは私の人生のなかで非常に大きい意味をもちます。今井さんがいなかったら、いまの自分はいない、といっていいほど影響を受け

---

[14] 建築家。東京大学生産技術研究所教授。遠藤克彦建築研究所とともに「東京大学生産技術研究所アニヴァーサリーホール」の設計に携わった。

[15] 1990年、日本の鉄道駅舎としては異例の国際指名コンペが行われた。新駅ビル設計者には原広司、安藤忠雄、池原義郎、黒川紀章、海外からはジェームス・スターリング、ベルナール・チュミ、ペーター・ブスマンの7名の建築家が指名される。審査の結果、原広司の案が選ばれた。1997年に開業。

[16] 原広司による設計。1993年に竣工した世界初の連結超高層ビル。

[17] 建築家。神戸大学大学院准教授。「きよっつ」新潟中越地震地域復興デザイン策定支援事業、氷見朝日山公園などの設計で知られる。

[18] 建築家。日本大学教授。シリンダーハウス、石巻市雄勝町の高台移転計画などの設計で知られる。

[19] 建築家。明治大学教授。北ノ沢の住宅、DOUBLE CUBEなどの設計で知られる。

[20] 建築家。日建設計執行役員、設計監理部門設計グループプリンシパル。東京スカイツリー、押上駅前自転車駐車場などの設計を担当。

ました。何事もオブラートに包まずにおっしゃる人で、常に高い熱量をもっていて、真っすぐな人です。大学院で原研に入れたことにどこか有頂天になっていた私の鼻柱を、見事に折ってくれました。でも、私はそれで嫌いになるどころか大好きになった。もっと勉強しなければと思い、建築の世界に一層真摯に向き合いました。

その建築家としての姿勢にも惹かれました。今井さんと過ごした時間のなかで「好きに生きていいのだ、表現していいのだ」ということを教わりました。

私のなかでは表現することへの怯えのようなものが、大学を出た時点でもまだ少しあったのです。3年生のときにいわゆる勉強会のグループ長を務めたりしながらも、一方で、まだどこか自制的で、完全には自己開示できていませんでした。そのルーツは横浜での中学高校時代にあります。当時は目立たないことが自己防衛術のようなところがありました。高校時代の私は無口で、だからいま同級生と会うと、あまりにもおしゃべりになっていてびっくりされます。当時は、表現欲求のある私にとっては生きづらい時代だったのです。

それが、大学院では今井さんのような表現することの楽しさを体現する人と出会い、一気に解放されました。のちに今井さんが、東京大学生産技術研究所アニヴァーサリーホールの設計のときに共同設計者として声をかけてくれたときは本当に嬉しかったですし、この仕事をきっかけに、当時うちのスタッフだった大井が東京大学生産技術研究所の特任研究員として迎えられるなど、深いご縁をいただきました。

## ——原広司先生の研究室、そして、アトリエ・ファイでの思い出は

大学院博士課程3年（D3）のときも、ほとんど原先生の設計事務所アトリエ・ファイでアルバイトをしていました。ドクターとしては論文を書くことが大切なのですが、その前にまず、原先生が過ごされている空間にただただ身を置いていたかったのです。いわゆるプロフェッサー・アーキテクトがいなくなりつつある時代でした。最近はまた増えていますが、そのときはそうでした。原先生に教わりたくて大学院を受験したので、何でも学びたいと思い、多くの時間をアトリエ・ファイで過ごしていました。

私は大学に入るまで、建築家を志していたわけではなかったので、誰かの作品を見て衝撃を受けたというような経験がないのです。影響を受けた建築作品が原点になっていない珍しいタイプかもしれません。私は、研究や思想が建築に生かされるそのプロセスに興味があるのです。原先生はまさに建築的に生きている方で、その生きているさまを見られることは日々感動で、その瞬間を1秒も逃したくなかった。原先生には、一緒に過ごす時間で建築家とは何かをお伝えいただきました。

先生は「建築家になるには建築家と一緒にいなければだめだ」とも、おっしゃっていました。でも原先生に「お前とは建築の話はしたくない」と言われたときはショックでした……。私はもっぱら遊び担当で、先生が海に行くときは「遠藤を呼べ」とお声がかかりました。それはゼミ合宿ではなく懇親会のようなものでした。三宅島に行って、海で魚を突いて、夜はトランプ。そういうときは、建築の話は一切せず、遊ぶだけです。私はその幹事をずっとやっていました。建築の話はできなくても、そういうときの話も重要なわけです。あんなにすごい方が横にいて、そこから何かを簡単に手に入れられるなんて考えてはいけない。とにかく近くにいて、先生の話を聞けることが幸せでした。建築家・原広司を構成するものであれば何にでも触れていたかったのです。

## ——大学院在学中に事務所を立ち上げた理由は

事務所を立ち上げたのは1997年、D3に上がるときでしたが、なぜそのタイミングだったかというと、1997年3月で原先生の退官が決まっていたというのが大きいです。私が大学院入試で浪人していなければ最後まで原研にいられたのですが。原研がなくなるということは、学校に行っても原先生の思考に触れる機会がないということです。ならば、このままアトリエ・ファイに行くという選択肢もあったのですが、自分のなかで〝何か〟を仕掛けなければいけないと思っていたのです。

それで、小嶋さんのところに相談に行きました。そのとき小嶋さんは38歳くらいでした。そうしたら、「早く設計事務所を始めなきゃだめだよ」とおっしゃった。原研には昔から院生から事務所を始めるような伝統があったのです。小嶋さんや竹山さんがそうです。もちろん、日建設計に入ったり、国交省に入ったりする方もいて、当時原先生が「最近は大手志向が増えたな」とおっしゃっていたのを覚えていますが、それくらい個人で独立することへの流れが原研にはあったのです。

それでD3になるときに「事務所をつくる」と宣言しました。親戚筋から新橋の一部屋を借りて、7坪くらいの事務所を開きました。

思いきったものの、いざ実際に始めてみると、あまりにも設計が下手になっていて、自分で驚きました。それまでは先生のお手伝いの設計しかしていなかったので、やはりそれは、自分でかたちを考え、責任をもって設計するということとは違っていたのです。当然のごとく、仕事の依頼は全くありません。それで取り組んだのがプロポーザルでした。私にとっては他に選択の余地が無くて始めたことですが、この判断が、私のその後の設計姿勢を決める大きな転機となったと思います。

――当時、コンペやプロポーザルにはどのように応募していたのですか

コンペやプロポーザルの応募情報は、いまはネットで検索すればすぐ見つかりますが、その頃はまだ建築雑誌などで地道に探すしかありませんでした。コンペのなかにはアイデア提案の募集もありましたが、私は実施前提のものしかやらないと決めていて、海外のコンペにも出しました。アルヴァ・アアルトの生誕100周年記念にフィンランドで開催された、ユヴァスキュラ音楽&美術センター設計競技などです。

コンペやプロポーザル自体いまほど数が多くなかったので、片端から応募して、自分の脳みそを掻き回してアイデアを出すという感じで立ち向かっていきました。主催者側は私のことなど知らないので、そのまっさらな選定という舞台において、自分がどんな価値を提供できるかということを一心に考え、文字通りプロポーズを重ねました。いいトレーニングになったと思います。

うちの事務所の若手や学生にプロポーザルの案を出させるのも、自分の経験から来ています。そこにあるトレーニング的な要素の高さを重視しています。

――いまもコンペやプロポーザルに挑戦し続ける理由は

大阪中之島美術館の設計者に選ばれたことで、より一層公共建築に関心をもったからだと思います。そして、常に変わり続けながらその時代性を表現するのが建築家の仕事だと思っているので、それを公にかたちにできる世界に身を置いていたいのです。

大阪中之島美術館のコンペは、うちのような規模の設計事務所もエントリーが可能な要項が組まれていたレアなケースで、大変に幸運でしたが、それでも私たちは常に準備していました。めったにないチャンスと出会ったときに、何もできないことがいちばん悔しいし、そんな自分の卒業課題のときに味わった苦い想いはもう絶対にしたくないのです。

もちろん、プロポーザルに挑戦していても、決して勝率が高いとはいえません。時々、プロポーザルに勝ち続けているようにいわれますけれど、全くそんなことはなく、やっている数が違うだけです。ひとつ勝つのにだいたい20ぐらい負けます。つまり「勝率5パーセント」です。いばらの道ですし、負けたときは相当につらいですが、非選定の連絡を受けても、3分間だけ落ち込んで、次へと向かうように気持ちを切り替えて頑張っています。

1997年に独立してからずっと、コンペやプロポーザルに挑戦し続けるわけですから、気がつけば四半世紀近くも取り組んでいることになります。改めて振り返ると、けっこう体力があるといいますか、古いタイプの人間のメンタルタフネスがこういうときに発揮されるのでしょうか。

「蓄積の量が自分を前に進めていく力になる」と思いたいですね。負けてもそれは無駄ではなく、私にとっては財産になっていくのだと。それと、最近気がついたのですが、実は私は負けるのがとても嫌いなようなのです。たとえばある市町村でプロポーザルがあって勝てなかったら、つぎに同じエリアで別のプロポーザルがあると「絶対勝ちたい！」と、リベンジ戦に臨みます。

「負けることも財産だ」と思えるちょっと大人な自分がいる一方で、「絶対に負けたくない！」と燃えるまだ青い自分が共存しています。

# 3

## 大阪中之島美術館完成への道のり、そして現在

**――2017年4月に大阪にオフィスを開設し、2021年6月の竣工に向けいよいよ実施設計へと移った段階で、コンセプトは実現できたのでしょうか**

実施設計ですが、コンペ案のコンセプトである「黒いヴォリュームの中が立体的なパッサージュによってくり抜かれ、展示室はもちろんのこと、その大きな吹き抜け空間も市民が美術と触れ合うためにデザインされている」という基本的な設計方針は、全く変更なく進められました。

その理由として大きかったのは、あの立体的なパッサージュの構想について、大阪市側に大きなリスペクトをもっていただいていたからです。コンセプトの軸であるパッサージュの在り方を尊重してくださったことが、設計する側としても大変ありがたかった。

大前提として、コンペの実施要領、それ自体が非常によく練りあげられていたと思います。要項の内容が緻密かつ、しっかりと構築されていた。大阪市の担当者は、構想から40年と

いう異例の歳月に翻弄されながら、美術館のことを考え続けて、きちんとかたちにするのだと決めて、要項にその想いを込められていました。1次審査で要項から逸脱している点のあった案は残っていなかったとも聞いています。

実施要領でパッサージュについては、「展覧会入場者だけでなく、幅広い世代が気軽に訪れることができるにぎわいのあるオープンな室内空間」というシンプルな記述があるだけでしたが、美術館の構成要素として、展示室、バックヤード、屋外空間と並んで記されており、やはり、このパッサージュをどうつくるかという点が大きくコンペでの評価に影響したと思います。

実施設計にあたり、予算の関係で設計修正を検討せざるを得ない状況になっても、パッサージュを触ろうとすると、「その修正だと、遠藤さんが提案した美術空間を貫くパッサージュから離れてしまいます」と、逆に行政側の担当課長の洞正寛さん（P. 80～掲載）から言われたくらいですから。彼は、大学で都市、建築を専攻されていて、実務にあたられてからも相当勉強されてきている優秀な行政建築家で、こういう方が設計案のコンセプトをリスペクトしてくださっているということはとても大きかったです。

――施主とのコミュニケーションがとても円滑な案件だったのですね

そうですね、大変恵まれていたと思います。そして、私のなかには、施主の話にとことん耳を傾けて仕事を進めたいという考えが、基本にあります。大阪に事務所を移したのもその一環です。

選定後、すぐに大阪市にご挨拶にうかがった際にも、「いつ大阪で始めるのですか？」事務所の場所は見つかった？」と、当時の都市整備局長から冗談半分でお話があり、そのときより移転を考え始めていました。また竹山聖さんは審査員のひとりだったのですが、竹山さんからも「大阪に来て、大阪で設計しなさい。敷地周囲の人々と一緒になって設計をすることが完成への道です」と、強くおっしゃっていただき、そこから一気呵成に大阪オフィスを立ち上げたのです。

「話を聞く」という姿勢が基本にあっても、言われたことすべてを「承知」するという意味での「聞く」ではありませんから、当然せめぎあいもありました。学芸員からの展示スペース、バックヤードの面積確保要求はきびしかったです。しかしながら、それらは美術館運営の骨幹となるスペースであることは理解していましたから、前向きに修正案作成に取り組んでいます。その結果、バックヤードを増やし、5階のパッサージュの幅はコンペ案の半分、4階も大きく削っています。展示面積を確保したうえで、展示空間へといたる道具として、あのパッサージュをいかに魅力的に設計するかということが、私の務めだと考えました。

私は、建築家はアーティストではないと思っていますし、少なくとも私はアーティストタイプの建築家ではありません。一つひとつの作業を地道に積み重ね、さまざまなことを解決しながら、最終的には要求された建物の機能を最大化することを目指し、金額的には予算内におさめつつ、さらには実際につかわれる状況では、人の命を守るために安全性も高くなければいけません。これらを徹底したいと思うのは、「プロポーザルの時代」に生きている経験により得られた実感でもあります。

また今回、基本設計から大きな変更をすることなく実施設計に移れたのは、協力事務所として東畑建築事務所に入っていただいたことも大きいと思います。やはり実施設計段階では先を読めないことがたくさんありますので、実施にあたり総合設計事務所に協力を仰ぐということは、大規模公共建築の設計経験が少ないアトリエ事務所が設計するときのひとつのかたちだと思います。うちは、ついディテールに突っこんでいく癖があるので、そういうことに対して東畑建築事務所の設計チームの方々が、「それはだめです」「50年、100年存続する建築で、それはありえません」と、はっきり進言してくれたことは、大変ありがたかったです。

## ――「話を聞く」というプロセスが大切だったのですね

コンペに応募する基本設計の段階では要項に関わった方々がつくった枠組みに潜在的にある願望のようなものを感じ取り、そして、実施設計の段階では、話を聞くことによってその認知が正しかったかどうかの検証を深められればと思います。そのうえでカタチへしていきたいと思っているのです。

私の個性みたいなものが、カタチとして現れるのではなく、私は自身をあくまでもフィルターである、ととらえていて、「遠藤を通して要項をフィルタリングすると、見えていない枠組みが炙り出せる」というような建築家でありたいと思います。

きれいにつくることは簡単ですが、そこでは満足せずに、課題を見逃さず、それを解いて、解いて、ものすごく苦労して、でも、最後には何事もなかったかのようにカタチにすることがかっこいいのでは、と思うのです。

もちろん、意匠も大切に思っています。でも私は、「このカタチがつくりたかった」とは言いたくない。「結果としてこのカタチになりました」と言いたいのです。それは、建築がアートのようなひとりの作家が自分自身を表現したものとは違って、非常に多くの人の希望や欲求をかたちにする、かなり社会的な責任をもつものだと思っているからです。

この美術館でも、実施設計の段階で、みんなにやさしくといって、とらえどころのない建築をつくるのではなくて、みんなにやさしくても構想の強度は上げていかなければならないと思って設計に臨んでいます。そこを履き違えずに、最後まで緩めずにやりきれたのは、いろいろな話を聞いたという揺るぎない想い、「聞ききった」「解ききった」という自信をもって設計したからだと思います。

徹底して発注者の「話を聞く」という姿勢は、受注者として当然のものではありますが、貫き通してよかったと思います。そのような想いはありつつも、改めて大阪市はよくこちらに任せてくださったと思います。はじめは5人の事務所だったわけです。5人の事務所にあの規模の設計を任せることは、通常は考えられないです。常識から考えれば大きなところに任せたほうが安心です。だけど英断をもって任せてもらっているということに、こちらは覚悟をもったし、だからこそ話を聞いて、絶対に失敗してはいけないと考えたわけです。

私はどこか、自分自身が関数であるという感覚があります。自分を社会の要請のようなものをかたちにする関数だととらえているのです。

たとえば、軽井沢深山の家と今回の美術館とは構想上すごくリンクするところがあって、いってみれば同じ関数です。同じ関数で小さな建物も大きな建物も計画できるというふうに考えています。床、壁、柱みたいなもので考えることが近代建築のボキャブラリーだとしたら、それに対して「関数でつくりましょう」といった話は、私のなかにすっと入ります。そういうふうにつくれたらよいと思っています。

――そこにはどのような思考のプロセスがあるのでしょう

建築設計において、統合する、インテグレートするということに大きな興味があります。たとえば構造設計というものは、最終的には見えざる枠組みになります。設備もそうです。意匠、計画、構造、環境、設備、材料など、建築をつくる要素のすべてが大切で、さらには物流やコストまでも念頭に置いた計画をしたいと思うのです。

また、建築家の職能が変化し、「考えていくプロセスや思考回路までをも開示して、かたちにしていく過程が求められている時代なのでは」とも感じています。状況把握をして戦略を立てることの大切さを時代が要請しているのだと思います。

最後、見る人に伝わるものはカタチですが、そこにいたる背景に緻密な戦略、アプローチがあり、建築家の思想過程の共有・共感があることが理想であり、大切だと信じています。私の場合は、その思想が「関数でつくる」ということなのかもしれません。

――完成した美術館に立ってのご感想は

コンペの大切な要項であったパッサージュが思い描いていたように実現し、まわりからも一定の評価をいただけたことには、大変安堵しています。

実際に建物のなかに立ってみて、よかったと感じられたのは4階と5階の展示室フロアで、東西南北4面のガラスの窓から中之島の風景をきちんと見せられたことです。訪れた人に都市とつながっている感覚を与え、都市活動としてのつながりを、中之島という土地において視覚化する設計ができたのではないかと。

川からセットバックして建物があるような場所は中之島にはこれまでなかったとも言われましたが、それはきっと、私が大阪人ではないからできた発想なのでしょう。私が生まれ育った横浜では、港と建物の間に公園や広場があり、その風景に慣れ親しんでいたので、そういったことも影響しているのかもしれません。

大阪中之島美術館は全体としていろんなところにつながっている建築で、メインのエントランスがないというのも特徴です。2階の3カ所のエントランスの風除室も均質的につくりましたし、1階のエントランスも同様に、正面性をもっていません。「どこが正面ですか」とよく聞かれるのですが、「全周が正面」と答えています。その感覚は上層階も同じで、南面も北面も極めて等価です。「ここは何である」という、限定的な場所がない、ある意味とても特殊な建築になっています。

## ――訪れると都市とつながる建築であることを実感します

そういう意味では「結節点」をつくっているのかもしれませんね。中之島の結節点に、美術館がなっていけたらと思います。

結節点であるために、2階の関電側のブリッジがとても重要な場所になっていると思います。季節が感じられて、風が通り、2016年の敷地調査のときにポイントとして見ていた「中之島四季の丘」から美術館へと接続される道が形成されています。ああいった憩いの場と紡がれて、都市の結節点としての機能が醸成されていけたらと思います。未来医療センター(仮称)中之島4丁目未来医療国際拠点開発)が2024年に開業したら、そちらにも接続し、さらにつながりが広がっていきます。

あの美術館は何か役目を表明する特異点というよりは、意識としては、どこかモヤッとした結節点、モヤッとした空間体のようなものです。モヤッとした場所として地形と一体化し、都市に溶け込むことが現代的であり、存在として大切な気がしています。

## ――長年コンペやプロポーザルへの挑戦を続けて、感じていることはありますか

ここ数年、行政側がプロポーザル方式を熟知し、研究され、仕組みとしても一定してきているのではないかと思います。それはやはり、先輩建築家たちが努力してくださって、数々の良質な建築が建っているからでしょう。

プロポーザル方式にも課題はあるといわれています。実績がないところへの参入障壁が高いといった制度的な問題などですが、その面は改善されつつあります。よいオブザーバーが各分野で出てきており、たとえば、東北大学大学院教授の小野田泰明先生のように、行政と建築の橋渡し役として多数の公共建築プロジェクトに携わってきた建築計画者もいらっしゃる。国や行政全体の発注を理解したうえで、よりよいものは何かというものを日々研究されていて、成果を出しておられます。そこに大変リスペクトをもっています。

私が公共建築に魅力を感じるのは、納税者である市民や町民のベネフィットに本質的につながっていくということが、建築によってかなり可視化されている点です。ですので、施主から求められれば意見を述べ、よりよい方向に進むことへのお手伝いには時間を惜しまないようにしています。

## ——それは建築家としての矜持でしょうか

私ができることは限られていますが、そのなかで精一杯がんばりたいと思っています。「聞いた」「まとめた」という自負をカタチにすることが重要であって、それは内でも外でも徹底しました。

たとえば、建築では、空間の設計が最も肝心なことですが、その他にも大切なこととしてコスト計算もあって、さらにその次に細部へと注力することがどんどん広がっていきます。設計するものも、レバーハンドルやスイッチなど、どんどん細かくなる。50メートルだった単位が5メートルになって50センチになって、50ミリになって5ミリになっていく。

そこで判断を間違えてはいけないと思うのです。間違えないことで、関係者全員、市の関係者、美術館の人、市民、来場者も含めて幸せにしなければいけない。みんなの話を聞いてかたちにすることを任せてもらいました。それはすごいことです。必要とされてそれに結果でお返しする機会が、公共建築を手掛ける建築家には与えられます。必要とされたからには絶対に果たさねばなりません。

「公共建築の建築家」というと設計だけの話のように聞こえますが、建築だけの話ではないということを、最近より強く意識するようになりました。「建築と建築のまわり」という言い方を私はするのですが、建築をつくる「状況」にこそ責任を取らなければいけない。

先ほど、施主から求められれば意見を述べる話をしましたが、要請があれば建設のための議会特別委員会にもオブザーバーとして出席し、答弁もします。そうしたことから関わって、実際的な建築作業においては材料の検討まで、すべてをやることが重要なのではと思うのです。

公共では、決定の横で、その決定をさせようとする側と、その本質を掘り下げようとする側があり、行政の執行部と議会はそういう関係にあります。建物は執行部、つまり町長や課長などの組織が建てるのであって、議会は議案に対する決裁をするのみです。でも、そこにいるのはどちらも市民なのです。両方とも納得して進めたいなか、そこで意見を言うということは、公共建築の建築家としてとても大切なことなのではないかと思うのです。

行政は、議会が承認すれば予算がある限りは検討してくれます。そしてそこを調停することは、私たち世代の建築家に求められる職能なのだと感じます。私は業者という言葉が嫌いですが、施主である行政サイドからすればこちらはひとつの業者です。でもその立場であっても矜持をもって取り組むということが大切なのだと思います。そこで気をつけているのは、情報をすべて開示することです。絶対に裏のないように進め、オープンであることが大切だと感じています。

——遠藤さんの語る公共は、遠い存在ではなく、とても身近に感じられます

そうおっしゃっていただけると嬉しいです。何か与えられたものをきれいにまとめてデザインするというのが公共建築の仕事ではなく、「状況」まで踏み込むことでよい方向に変えていけるものであり、そこに携わっていければと思っています。

いま、意思のある方々が行政側に大勢います。どんどん仕組みがよい方向に変わり始めている時代のなか、そうした方々とタッグを組んで前に進んでいく機会を、これからもいただけたならとても幸せだと思います。

# 徹底した公平性と透明性を貫いて完成した美術館

Director, Nakanoshima Museum of Art, Osaka

菅谷富夫
大阪中之島美術館館長
大阪中之島美術館建設準備室室長（当時）

滋賀県立陶芸の森陶芸館・学芸員を経て、1992年、大阪市立近代美術館（仮称）建設準備室・学芸員、2017年から同室長。2019年12月より大阪中之島美術館館長。近代デザイン、写真、現代美術の分野を担当する一方、新しい美術館整備を統括する。館外においても上記の分野の批評・評論活動を多数行う。共著に『都市デザインの手法』（学芸出版社、1998年）、『デザイン史を学ぶクリティカルワーズ』（フィルムアート社、2006年）など。

## ―――開かれた美術館を目指して

私は、1992年から30年近く準備室にいて、美術館の開館には立ち会えずに定年退職すると思っていましたので、開館できたことには大変感慨深いものがあります。しかし、正直にいいますと、「開館してよかった」と思う半面、「大変だ」という気持ちのほうが大きかったです。開館記念展の「Hello! Super Collection　超コレクション展 ―99のものがたり―」(2022年2月2日~3月21日)、それに続く開館記念特別展「モディリアーニ―愛と創作に捧げた35年―」(4月9日~7月18日)は、新しい美術館の珍しさもあり、多くの方にご来場いただきましたが、その後も「盛況」という状態を常態化していかなければならないというプレッシャーが常に念頭にあります。

開館までは職員一同、「とにかく走りましょう」という感じで走り抜けてきましたが、その後もいってみればマラソン状態でした。「展覧会　岡本太郎」(2022年7月23日~10月2日)も好評を博し、おかげさまで開館から10カ月で展覧会来場者数50万人を達成したときは大変安堵しました。

公共の美術館というと、ある一定のイメージがあると思いますが、大阪中之島美術館はコンセッション方式によるPFI事業[1]を国内で初めて採用した美術館です。施設の所有権を公共主体が有したまま、運営を民間事業者が行うという方式を取り入れています。

[1] PFI(Private Finance Initiative)とは、公共施設等の維持管理、運営等を民間の資金とノウハウを活用して行う手法。コンセッション方式によるPFI事業では、施設の所有権は公共主体が有したまま運営を行うのが特徴。

また、今回の美術館に関わるさまざまな選択が、コンペやプロポーザルであったこともポイントで、この選び方の公平性や先進性は、新しい美術館の在り方を伝えるにあたり、重要な方法論となったと思います。設計案はコンペで、VI（ビジュアルアイデンティティ、ロゴマークや案内表示などのデザイン）と家具は公募型プロポーザルで選ばれました。PFIコンセッション方式の運営も公募されました。設計案、VI、家具、運営の選定での公平性が、来館者に自然と伝わって、美術館で心地よく過ごしていただけることを願うばかりです。

実は正直なところ、開館前は建物に関していろいろな心配がありました。「暗すぎるのではないか」「シンプルなサインの案内表示でお客様にわかるだろうか」「入口が複数あるが、チケット売場までスムーズに進んでいただけるだろうか」「エスカレーターは危なくないか」などなど、考え始めるときりがありませんでした。

けれど、開館してみたら大変に評判がよく、お客様は美術館の自由な雰囲気を楽しんでくださっています。いわゆる正面玄関がなく、入口が複数あるようなフレキシブルな面も、まさに「開かれた美術館」を象徴していると受け入れられていると思います。

## ――プレゼン案が生きている

ある新聞記者の方の印象的な話があります。記者の方はとても大阪中之島美術館の建築を気に入っておられるのですが、「コンペのプレゼンテーションで示された設計案そのままに建ったのですね」と、とても驚いていたのです。相当に珍しいケースだそうです。遠藤事務所の皆様のご苦労があってのことだと思いますが、私は学芸員として、建築家に対してはアーティストとしてのリスペクトがありますし、公平な審査のもと選ばれた案なのですから、もちろん、細かい変更はお願いしましたけど、大幅な設計変更を強いるようなことは基本的に考えていませんでした。

ここ数年、近畿圏では新しい大型公立美術館の開館はありませんでした。大規模改修はあっても、一から新しく生まれる美術館はありませんでした。そのなかで誕生した大阪中之島美術館は、かたちの新鮮さとともに、楽しいなあ、すごいなあ、という好意的なご意見が多く、ご期待に応えることができたのは、非常によかったと思っています。

## ――気持ちが転換する装置としての建築

パッサージュは、実施要領条件にあった以上に、この美術館の「在り方」を示すものだったと改めて感じています。当館は「センター」という発想ではなく、各所にアクセスできる「プラットフォーム」であることにこそ存在意義があるのです。

パッサージュについては、通り抜けることができて、そこでいろいろな体験ができるように設計をお願いしたわけですが、遠藤さんはそれを見事に実現してくださった。想像していたもの以上の世界ができあがりました。

　私たちは、パッサージュをもともと機能として見ていましたが、完成した建物では、機能はもちつつもそれ自体が空間の魅力になっています。2階から4階へ上がるエスカレーターは、視覚的なものと体感的なものが一体化して、来場者が空間の変化を楽しめる装置となっています。これは私たちには考えつかなかった発想です。

　「パッサージュ」といえば、通りの両脇にお店が並んでいるという、水平のイメージですが、ここには垂直方向への立体パッサージュも誕生しました。

　来館者の方々は街の喧騒のなかから美術館にたどり着いて、その少しザワザワした気持ちを、あのパッサージュを貫く長いエスカレーターで移動しながら、その時間のなかでクールダウンすることもできるかもしれない。それと同時に、展覧会へのワクワク感も増していく。そういう「気持ちを転換する装置」としてのパッサージュの発想こそ、まさに「建築家の仕事」だと感心しています。

　パッサージュについて、興味深い話があります。先日、ある歴史の先生と対談したのですが、そのときに私がパッサージュを自慢していたら、「でも、ダイビルも中之島三井ビルディングも通り抜けできますよね。中之島という土地がそうさせるのでしょうか」と、おっしゃったのです。確かになるほどと思いました。

　もともとオープンな土地柄ということもあるのかもしれません。江戸時代に付近に建ち並んでいたという蔵屋敷も、出入口はひとつではなかったようですし、考えてみれば広島藩の船入遺構[2]もまさに出入口の象徴です。パッサージュという概念は、中之島という土地の場所性やかたちが要求するものだったのかもしれないと思うと、面白い。その歴史家は「地霊的」なものではないかともおっしゃっていました。

## ——外と中、裏切られる快感

外と中の印象の違いは、遠藤さんが狙ったところでしょうが、これも建築の醍醐味ですね。私はインタビューや講演会などでお話しする機会があると、いつも「外観は黒い四角で愛想がないですけれど……」と話を始めて、「でも」と続けて「中のダイナミックな動線や空間の取り方は、外観のシンプルな印象とは全く違います」といいます。

外観だけを見ると、普通はきっちりと積み重ねられた、スタティックなフロアを想像します。しかし、中に入り、2階で巨大な吹き抜け空間を目の当たりにすると、心地よく裏切られる。このコントラストの妙は、なかなか他では体験できないことでしょう。

## ——芝生広場の有用性

[2] 江戸時代後期、水運の便に恵まれた中之島は、船による物流の拠点となり、41カ所の諸藩が蔵屋敷を設けていた。

公立の美術館として、あのスペースがあることはとてもよかったと感じています。「モディリアーニ展」の際には仮設のカフェを設置しましたが、芝生で、川が見えて、風が通り抜ける場所で飲み物や軽食を楽しめるという空間はこの近くにはありません。日常的には親子連れや近所の保育園の子どもたちが引率されて遊びに来ている光景がよく見られて、こちらが期待したつかわれ方をしていることを嬉しく思います。芝生のもつ力かもしれません。

芝生広場に設置されたヤノベケンジさんの《SHIP'S CAT (Muse)》は、待ち合わせや記念撮影の場所として親しまれています。あれは、遠藤さんから「広場に何かシンボルになるものがほしい」と相談されて、設置が決まったという経緯もあります。

世界中を旅してきた「船乗り猫」は、福を運ぶ守り神でもあるのですが、宇宙服のようなスーツのオレンジ色が背後の黒い壁に映えて、アクセントにもなっています。

## ——30年間に及んだ準備室としての活動

1989年に迎える大阪市の市制100周年記念事業として、新しい美術館をつくることが決定した1980年代当時はバブル全盛です。日本全国各地で美術館をつくる動きがありましたが、そのほとんどは建物が先行していました。

大阪市としては、まずコレクションをつくったうえで、それにいちばん適した美術館をつくることこそが、本来のあるべき美術館のつくり方なのではないか、と基本計画の委員会でも議論していました。

その後、バブル崩壊とともに税収が落ち込み、大阪市としてもむずかしい状況になりました。美術館の建設が遅れた要因はいろいろあるのですが、私が着任したのが1992年で、まさか開館まで30年近くも時間がかかるとは思いませんでした。

コレクションを見せる展覧会は、大阪市住之江区のATC（アジア太平洋トレードセンター）の複合施設で開催したり、その後、開館までに時間がかかることを見越して2004年10月からは閉館した心斎橋の出光美術館跡での展示をしたりしていました。いわゆる基地としての美術館がないことは、とても寂しいことではありましたが、すでに3000点にも及ぶコレクションの公開や管理で、それなりに忙しかったのです。

30年という期間に本当にいろいろなことがありましたが、「ストップ」と言われても、われわれには「凍結」という意識はありませんでした。2011年当時、橋下徹市長が「白紙に戻す」と言ったときも、考え方によっては「再検討のための準備」ができるわけですから、そういった意味では前に進んでいる感覚がありました。

ですから、「開館までの時間が長引くから何かやろう」ではなく、常に前に進めているという意識でしたし、前に進むための作業があったのです。

大阪市の内部での手続きもいろいろありました。いま振り返ってみれば同じことを繰り返していたといわれるかもしれませんが、当時の現場感からすると、前に進める作業をいつもしているという気持ちでした。

## ――実施要領、コンペ、審査

美術館の建築については、要項を作成する前の段階、大きな整備方針をつくる過程で、設計コンサルを入れて3年間調査をして図面を引いてもらっていますので、学芸員として、ここはこうしてほしい、これでは困る、というような意見は伝えていました。そして、それまでの議論の要素を上手に掬い取って要領に落とし込んだのは、洞正寛氏［P.80～］をはじめとする大阪市の都市整備局の方々です。

私は1992年から準備室の学芸員として大阪市職員でしたので、そのなかで都市整備局のきっちり仕事をする姿勢を見ていましたから、2015年当時国立競技場の問題[3]もありましたが、この美術館は大丈夫だと思っていました。ですから、公開コンペに決まったと聞いたときにも、自然な流れだと感じました。

私は直接コンペの審査には関わっていませんが、山梨俊夫委員長（P.92～掲載）が、2次審査で審査対象者全員に、「案が採用されたのちに学芸員からの改善要求を十分に聞けるか」と、繰り返し念押ししてくださっていましたし、私は学芸員ですから、展覧会を作家と議論しながらつくり

［3］2012年に行われた国立競技場建て替えのデザインコンペティション。最終審査ではイギリスのザハ・ハディドが最優秀賞を受賞。しかし、建設コストの大きな膨らみが大きな話題となり2015年に白紙化、再度コンペが実施された。

あげていくのと同じように、建築家が決定したのちに、一緒に美術館をつくっていくことになるのだろうと思っていました。

## ――遠藤氏との変更のやりとりは

遠藤案が最優秀案に選定され、私は準備室の室長として遠藤さんとの関係をスタートさせ、5年の歳月をかけて開館となったわけですが、振り返ってみても、いい出会いだったと思います。

こちらの要望に関しては、遠藤さんとしては受け入れがたいものもあったのかもしれませんが、最終的には受け止めて調整してくれました。完成した建築自体の魅力はもちろんですが、個人的にはここにいたる過程がよかったので、この空間にいるときの感慨があるのだと思っています。

遠藤さんに具体的に変更を相談したところに、5階から4階へ下りる階段があります。当初の設計では踊り場で90度に曲がるL字型でした。展覧会を1時間くらいかけて観るとけっこう疲れますので、5階の展示室から次の展示室の4階に階段を下りるのがつらい方もいると思います。

遠藤さんには嫌がられるかもしれないと思いつつ、相談したら、快く何回も案を出してくれました。結果、スロープが緩やかに途中で折り返すかたちとなり、その分4階のフロアにスペースができたので、ヤノベさんの《ジャイアント・トらやん》を設置することができました。《ジャイアント・トらやん》はヤノベさんから美術館に寄贈されたものですが、高さが7.2メートルもあり、設置する場所に悩んでいましたが、結果的に最適な場所におさまりました。

5階から4階へ下りるときには、仕掛けとして気持ちを下に引っ張っていきたいということもありました。5階で観た展覧会の余韻に浸りつつ4階の別の展示へと向かう、ゆっくりと下りるその左手に作品が見えてきて、「何かあそこにあるぞ」と心惹かれて近づくと《トらやん》の全貌が見えて、また驚く。そこでひとつの認知を体験しながら、4階に下りるというユニークな動線ができたことはとてもよかったと思います。

## ——美術館の空間特性を生かす展示

5階の展示室の天井高は6メートルあります。絵画などの展示空間にダイナミックさをもたらすのはもちろん、展示の可能性も広がります。「みんなのまち　大阪の肖像（第2期）」（2022年8月6日～10月2日）は、あの空間に家を建てました。積水ハウスの1970年代の実物大の工業化住宅を再現したのです。高度経済成長期において、家電や工業化住宅は新しいライフスタイルを表現する憧れの存在でした。そういった時代の象徴的なモノの展示として、住宅をそのままリアライズするというのもあの空間だからできたことです。

また、ファッション撮影のロケ地としてのオファーもありますし、ファッションショーも開催しました。コシノヒロコさんは、基本計画立ち上げ時の委員のおひとりですが、オープン時に来館され、ファッションショーをやりたい、とお申し出があり、6月に2階の南東角の多目的スペースにランウェイをつくり、オートクチュールコレクションのショーを開催しました。ここはガラス張りの空間で外から見えますから、クローズドではなく、通りがかりの人にも見られるという趣向でした。

遠藤さんの「あるところは閉じて、あるところは開かれている」という設計コンセプトを、コシノさんのような感性のある方は瞬間的にパッとつかむのでしょうね。そういうひらめきが共有される力が、この美術館空間に存在することを感じます。われわれもこの空間だからできることにどんどん挑戦していきたいと思います。

――アートのまち大阪

アンケートでは、来館者の60パーセント強が地元大阪の方という結果が得られ、ホッとしました。というのも、30年近く前になりますが、ミナミの居酒屋で飲んでいて、たまたま同席した人に「どういう仕事をしているの?」と聞かれて、「今度、大阪市が中之島につくる世界的な美術館の仕事をしています」と話すと、「そんなん、要らんで」とよく言われました。「京都にも神戸にも美術館はあるし、いまさら大阪には要らないよ」と。

正直、つらかったですが、蓋を開けてみたら、高い率で大阪の方が来場されていて、大阪の人は美術館が好きなのだと、胸をなでおろしています。また、東京など遠方からの来場者も多く、そのことにも安堵しています。「まず地域から、やがては遠いエリアからも」ではなく、開館した時点で全国規模の認知をされることが必須条件でした。これだけ大規模の建物ですと、行政として予算もかけているし、いろいろな方に期待もされており、それなりの集客では許されないというハードルの高さがあります。

実は、大阪は昔からアートと文化の街なのです。あまりそういう認識がないかもしれませんが、佐伯祐三や具体美術協会リーダーの吉原治良のような優れた画家を生み、山本發次郎や田中徳松のような蒐集家や、市井の好事家も大勢いました。潜在的にあったアートの力を、この美術館の開館を機に復活するようにイメージを変えていきたいと思っています。

地域との連携も「アートのまち大阪」を発信する大切な仕組みと考えます。

おとなりの国立国際美術館をはじめ、同じ地方独立行政法人大阪市博物館機構に所属する大阪市立科学館、2024年に開業予定の（仮称）中之島4丁目未来医療国際拠点開発との連携も考え、ともに活性化し、地域の広がりを考えつつ発信のしかたを考えていくことになると思います。

## ――遠藤さんにひとこと

遠藤さんがコンペに選定された直後には、「がんばって、他のコンペやプロポーザルもどんどん取ってくださいよ」などと言っていましたが、茨城県の大子町新庁舎はじめ、その後のご活躍には目を見張るものがあります。これからも公募型の設計に臨んでいかれると聞いていますので、ますます邁進され、大阪中之島美術館で見せた構想の力を全国各地で展開し続けてほしいと思います。

# プロポーザルではなく
# コンペにした理由
# 過去の実績よりも
# 未来の可能性に賭けたかった

洞正寛
大阪市経済戦略局
文化部新美術館整備担当課長（当時）

1995年、大阪市役所入庁。現在、大阪市都市整備局ファシリティマネジメント担当部長。市設建築物全体の総合的な有効活用を担当。

Hora Masahiro
City hall employee

## ――新美術館構想の紆余曲折

ぼくが、新美術館建設の仕事に携わったのは2011年からです。通常、美術館を建てるという仕事は、教育委員会の管轄になります。しかし、大阪市では、観光や文化をひとつの部署で戦略的に進めていくということで、経済戦略局という部署ができたので、美術館の建設も教育委員会から離れて、経済戦略局が担当することになりました。

そもそも、大阪市が新美術館を建設するきっかけは、1983年に佐伯祐三の作品群を寄贈いただくという話からでした。そして同年に、1989年に迎える市制100周年の記念事業の一環として、美術館の建設構想が発表されました。

新美術館では、寄贈された佐伯祐三作品に加えて、近現代美術のコレクションを充実させるために、美術品の購入予算が大々的につけられました。当時は景気もよかったので、市制100周年記念事業に対して大きな寄付金が集まり、そのなかから作品購入予算が確保されたのです。コレクションの充実と並行して基本計画(1998年3月に「近代美術館(仮称)基本計画委員会」より答申を受けた、1回目の基本計画)の策定も進められ、さらに、美術館の建設敷地として、中之島にあった大阪大学跡地を1998年と2003年の2回に分けて国から購入しました。

しかし、その後、敷地から広島藩の船入遺構が見つかったり、土壌汚染対策が必要になったりと、なかなか建設が進まず、追い打ちをかけるように市の財政状況が悪化したため、2005年に計画自体がストップしました。それでも、２０１０年に再始動することになり、改めて基本計画（「近代美術館あり方検討委員会」からの提言を踏まえ２０１０年11月に公表された、2回目の基本計画）が策定されました。そして、これまで学芸員と事務職しかいなかった美術館の建設準備室に、建築職の人間が必要ということで、私が参画することになりました。

そんな矢先、２０１１年の市長選で新たに橋下徹市長が誕生し、市政刷新の流れのなかで、美術館構想についても、再度、白紙から検討することになったのです。

## ――白紙からの復活

白紙といわれても、コレクションはすでに確立されている、しかも作品購入に要した予算の大半は市民の方々からご寄付いただいたものです。大阪市が美術館をつくるならといただいた寄付なのに、美術館をつくらなかったらどうなるのか。敷地もすでに購入しています。また、菅谷館長をはじめ学芸員の方々は、新しく美術館ができるということで大阪市に就職されたのに、40年近く経ってもまだできていない。なかには、開館を待たずに辞められた方もおられます。そういった人たちの気持ちを考えても、絶対に成功させなければいけないと思いました。

そのため、大阪に新しい美術館をつくる意味として、市民の方々の期待に応えることだけでなく、停滞している中之島西部エリアのまちづくりにつながること、大阪を世界にアピールしていくうえで欠かせないツールになること、民間ノウハウを活用してこれまでにない美術館を創造すること、などを改めて橋下市長にご説明させていただき、ご理解をいただきました。それが、2014年に公表した最新の基本計画(大阪市戦略会議及びパブリックコメントを経て2014年9月に公表された、3回目の基本計画)になります。

## ──プロポーザルではなくコンペを選択した理由

当時、国立競技場の問題もあり、コンペのそもそもの妥当性や正当性が揺らいでいました。われわれとしても、コンペの正当性をアピールするうえで、情報を可能な限り早くオープンにする必要性を感じ、2016年、コンペ開始の約2カ月前に予告公告を出し、「大阪市はコンペで美術館の設計者を募集する」と宣言しました。さらに、2次審査のプレゼンテーションを大阪市中央公会堂において一般に公開して実施するとともに、最優秀案も市長の記者会見において発表し、透明性、公平性を担保するよう配慮しました。これらの取り組みには、コンペ自体をイベント化し、新美術館に対する注目度を高めたいという意図もありました。

プロポーザルではなくコンペにした理由には、いちばんにコンペのほうが設計者の方の興味を惹きつけられるのではないかということがありました。プロポーザルですと、どうしても過去の実績を見ざるを得ないので、大きな設計事務所が有利になりがちです。

われわれとしては、過去の実績による安心感よりも、こちらが思いもつかない魅力的かつ創造性豊かなデザインを提案していただける可能性のある設計者と仕事をするほうが、未来につながると考えたのです。実績が少ない人へのフォローはわれわれでもできますし、学芸員も美術館建築には長けています。そして何より、市制100周年の記念事業であり、40年もの歳月をかけて中之島につくる新しい美術館は、より魅力的な建築となることを追求すべきで、そのためにはコンペでやるべきだと市内部に働きかけました。

――審査委員長は、建築家ではなく美術館関係者

コンペの審査委員長は、大阪中之島美術館のとなりの国立国際美術館で当時館長をされていた山梨俊夫先生にお願いしました。通常、公共建築のコンペは、建築家の方が委員長をされることが多いのですが、今回はあえて美術館関係者にお願いしました。

われわれもコンペにいたる過程で、いろいろな美術館に行ってお話を聞いたのですが、そのなかで「建築家優位でつくられた美術館はつかいにくい」という声をよく耳にしていました。美術館建築はそれ自体がアートとしての側面もありますが、機能的にも十分に満たされたものでなければいけないと思っていましたので、美術館建築をよく知る山梨先生に、しっかりと審査いた

だきたいと考えたのです。山梨先生には、大阪市の特別参与にも就任いただき、コンペの実施要領をつくる前段階からいろいろなアドバイスをいただきました。

山梨先生からは、かつて携わられた神奈川県立近代美術館葉山館の建設の際、美術館側と設計者側はもちろん、学芸員同士も喧々諤々議論をしながら、対話を通していい美術館になったという話をうかがい、とても参考になりました。

当時、山梨先生は、全国美術館会議という美術館のさまざまな調整ごとをする会議体の副会長もされていました。山梨先生の前に国立国際美術館の館長をされていた建畠晢先生が会長で、建畠先生と山梨先生という美術館界の重鎮のおふたりには、本当にいろいろなことを教えていただき、なんと贅沢な機会だろうと思っていました。

## ——実施要領に込めた思い

40年の間にはさまざまな紆余曲折がありましたが、大阪市としてどんな美術館にしたいのか、これからの美術館はどうあるべきかを議論してきた40年でもあったわけです。そのなかで、基本計画を何度もつくりなおした蓄積はとても大きく、その思いが実施要領に集約されています。コレクションありきの美術館であること、そして、大阪市にとって歴史的にも文化的にも特別な場所である中之島をどう生かしていくか。要領の冒頭に、新美術館に求める姿を書きました。

短い文章ですが、何回も何回も書きなおしました。どうしてコンペをするのか、どんな美術館を目指しているのか、さまざまな思いを込めました。

また、コンペで求める各室諸元表のなかに、これまでつくってきた基本計画の要素を落とし込みました。その一方で、建築家の創意工夫をお借りして美術館の魅力を向上したいと思っていましたので、それを引き出せるように、自由な発想を阻害するような、かたちを具体的に規定するような言葉は極力入れないように心がけました。

## ――「開かれた美術館」を具現化するために

2010年の基本計画作成にあたり「近代美術館あり方検討委員会」を設置して、いろいろな分野の方々にご議論いただきました。その際、美術館は一般に敷居が高く、近寄りがたいというイメージがあるが、これからの美術館はもっと地域に開かれた、誰もが気軽に立ち寄れる場所であるべきという議論がなされ、「開かれた美術館」を具現化する言葉として「パッサージュ」が出てきたのです。フランス語で「散歩道」という意味ですが、展覧会を観にきた人も、そうでない人も美術館に気軽に立ち寄って、楽しんで通過していく。そんな場所でありたいという想いが「パッサージュ」には込められています。

この考え方は実施要領にも書きましたが、具体的にどのような空間にするかは、建築家の方の創意工夫に委ねました。ですから、コンペでのパッサージュに対するアプローチのしかたは建築家によってさまざまで、とても興味深かったです。

また、パッサージュと中之島の都市計画については、要領の中で明確につながるものとして提示したわけではないですが、よく読めば感じ取れるようになっていたと思います。たとえば「中之島3丁目からつながるデッキを整備してください」と記載したうえで、「中之島まちづくり構想」を参考資料として添付しましたので、「パッサージュ」が美術館の空間だけではなく、周囲とつながるものであるという意図が伝わるのではと期待していました。

そもそも中之島には、中央緑道と呼ばれる中之島を東西に貫く遊歩道をつくる構想があり、美術館敷地の東側はほぼできあがっているのですが、西側はまだまだ空き地が多かった。これはひとえに新美術館が、40年もの間完成しなかったことが原因で、中之島西部の開発を停滞させるボトルネックのような存在になっていたのです。だからこそ新美術館には、美術館としての機能だけではなく、まちづくりを加速させる起爆剤的な役割、そして歩行者空間をつなぐハブ的な機能も求められたのです。

遠藤さん提案のパッサージュは、平面的につながるだけでなく、吹き抜け空間を介して立体的に縦につなぐ点が高く評価されました。さらに、ブリッジによって東にも西にも南にも3方向につながる計画でしたので、美術館内だけのパッサージュではなく、周辺のまちづくりにまで染み出していくようなパッサージュが実現できていました。コンペのアプローチとしてパッサージュの在り方を提案させる試みは成功したと思っています。

## ――選定後の修正

最優秀案選定後、設計段階において、遠藤さんに修正要求をさせてもらったところは、実はけっこうたくさんありました。遠藤さんはそれぞれに柔軟に対応いただき、建築家としても納得できる回答を用意していただきましたので、われわれとしてもやりがいがありました。建築職の職員としていちばん幸せな時間でしたね。

遠藤さんの黒い直方体の外観の案については、既視感がないというか、あそこまで潔いくらいに真っ黒というのは、ほかと一線を画しているというのが、最初の印象でした。遠藤さんの案が選ばれたのも、外観のイメージありきですから、そこは絶対に変えてはだめだと思っていました。ですから直方体の黒い箱という趣旨を最大限に尊重しつつ、箱のなかに要求される機能をどうおさめていくか、努力していただくしかないと。外のかたちを変えないで、なかの機能は充実させてくれ、でもコストはそのままで、と要求するわけですから、遠藤さんはじめスタッフの方々は本当に苦労されたと思います。

山梨先生も評価されていたところですが、遠藤さんの案は建築的コンセプトを確立させつつ、美術館としての機能も充足させていました。もちろん最初から完璧というわけではありませんが、遠藤さんの案なら少し手を加えれば大丈夫だと、提案を見たときから思っていました。コンペの提案のなかには、コンセプト先行で美術館の機能が成立していなかったり、そもそも要領を読み切れておらず、こちらの求めをくみ取れていなかったりするプランもありました。ですから遠藤さんの案が選ばれたことは、ぼくとしては不思議なことではないと思っています。

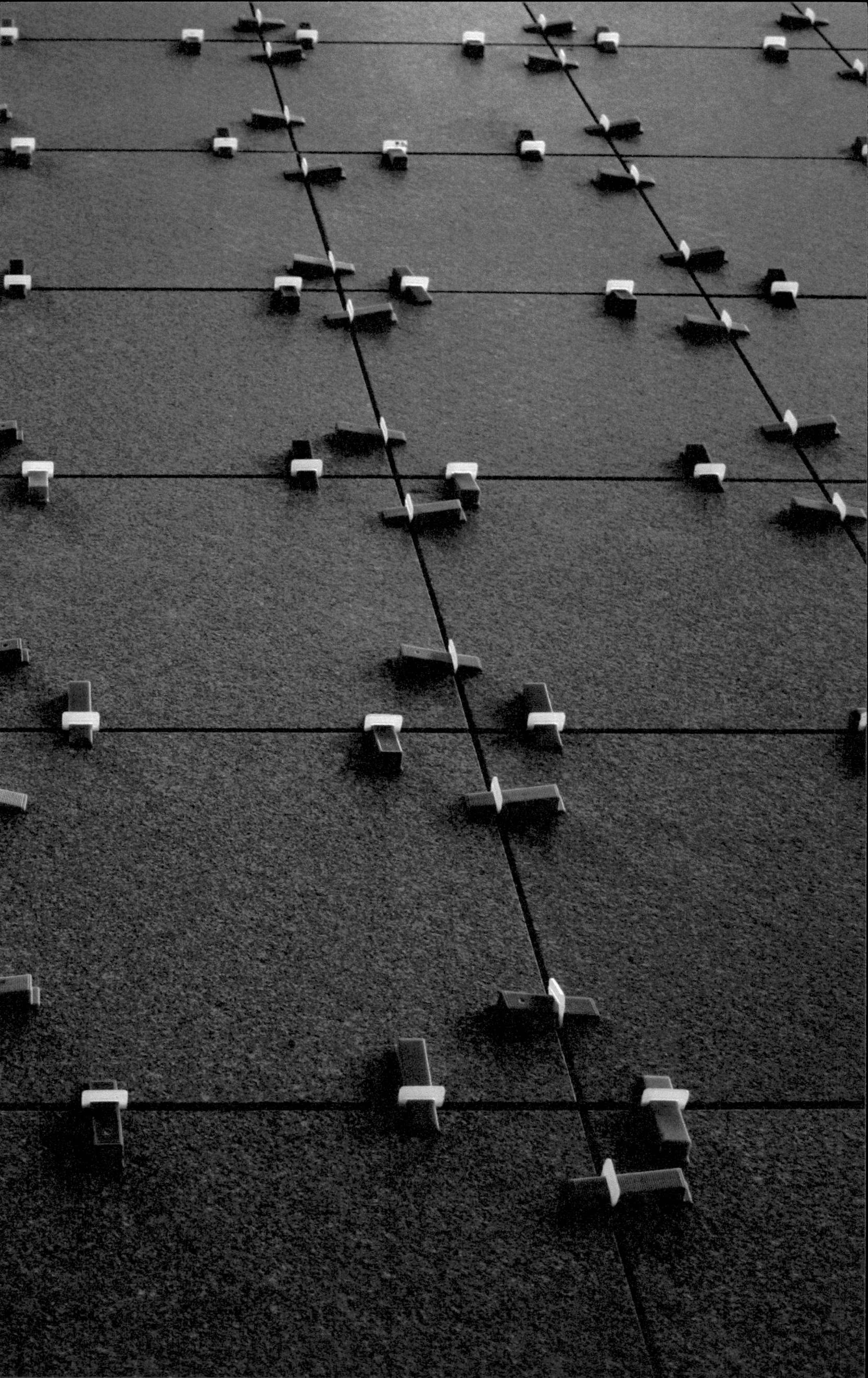

# つかいにくい美術館にはさせないデザインと機能の拮抗、審査委員長として

山梨俊夫
国立国際美術館館長(当時)
大阪中之島美術館審査評価会議委員長(当時)

1977年から神奈川県立近代美術館[1]学芸員、2004年から2011年まで同館館長として葉山館建設に関わる。2011年から2021年まで国立国際美術館館長。主な著書に、『絵画の身振り』(昭森社、ブリュッケ)、『現代絵画入門』(中公新書)、『風景画考』(ブリュッケ、芸術選奨文科大臣賞)、『絵画逍遥』(水声社)、『現代美術の誕生と変容(現代美術スタディーズ)』(水声社)などがある。

Yamanashi Toshio
Director, The National Museum of Art, Osaka

## ――美術館関係者としての経験値

ぼくが、国立国際美術館にきたのが2011年です。橋下徹さんが市長になった頃で、はじめは「美術館なんかいらない」と言っていたのが次第に変わって、国立国際美術館のとなりに近現代の美術を扱う新しい美術館をつくるということになり、有識者会議にぼくも加わりました。日本で唯一といえる佐伯祐三の質の高いコレクションを核に、大阪の戦前の近代美術、盛んだった工業デザインやグラフィックデザイン、中之島に活動拠点を置いていた具体美術協会が活躍した1950年代から現代にかけてなど、複数の分野を扱う美術館です。

有識者会議の話をもとに準備室が市と折衝するので、私たちは新しい美術館の方針を実現するために必要になることを、市に訴えかけていくための最初の大きな方針をつくりました。

建築関連でいえば、展示スペースや収蔵庫の大きさについて、この時点では具体的な面積の話にはなりませんが、たとえば準備室の人が、具体美術協会の研究のために専用展示室を要望すれば、それを組み込むとどうなるかなどもあります。そして、その研究成果を海外にも発信していくための作業、専属スタッフはどうするかなど、さまざまな要素を絡ませながら大きな方針をつくっていくということを2年くらいやっていました。

ぼくと、国立国際美術館で前任だった建畠晢さん、当時横浜美術館[2]の館長だった逢坂恵理子さんといった有識者会議のメンバーからは、バックヤードの共有部分は考えている以上にス

[1] 1951年に開館した日本で最初の公立近代美術館。坂倉準三設計の鎌倉館は2016年閉館。現在は葉山館と鎌倉別館の2館体制で運営されている。

[2] 1989年開館。設計は丹下健三+都市・建築設計研究所。

ペースが必要になるので、廊下や倉庫、部屋と部屋をつなぐ通路的な空間、あるいは機械室などは、広くとっておく必要性を伝えました。われわれの経験を反映させた意見をまとめて、具体的に運営に必要な数字をはじき出して美術館としての要求水準をつくる、この作業は2年間の後半の頃行いました。

2015年くらいから、建物の設計者を決める方法について考え始めました。コンペかプロポーザルかの選択は大阪市が決めました。その後ぼくが審査委員の委員長になったと記憶しています。

## ――審査委員長として

第1次の応募数は全部で68件でした。10月の審査は市庁舎のなかの一室に68枚のパネルをずらっと並べて行われました。提出者の名前は伏せられています。審査員のなかで、美術館関係者はぼくと逢坂さんだけで、あとは建築関係者です。都市計画、建築計画、環境などの専門家で、それぞれが均等な権限をもっています。ぼくが委員長だからといって権限が大きいというようなことは一切ありません。ぼくと逢坂さんは、有識者会議からの継続でしたが、建築関係の人たちは審査の段階で委員になり、合計7人が審査員でした。

1次審査で68案を5案に絞り、2月に2次審査として大阪市中央公会堂でプレゼンテーションしてもらいました。そして、その日のうちに最優秀提案者が決まりました(公式発表は2月9日)。もちろん審査員が全員一致というわけではなく、票数での決定です。

審査の過程で、審査員がどこを見るかは、それぞれ視点が違います。ぼくや逢坂さんは、美術館としてのつかい勝手を見ます。展示室のつながりや、収蔵庫の構造、作品の搬入動線、来館者の動線など、これではどうしようもないという案もありました。建築関係者は、建築の空間としての意匠デザインを重視します。われわれも意匠についての理解はありますが、デザイン的に優れていても美術館としてつかえないと意味がない、というやりとりを審査中に盛んに交わしました。最終的に選ばれた遠藤さんの案についても、審査員の意見は交錯し、肯定的な意見、疑問等もいろいろありました。

2次審査のプレゼンテーションのとき、審査員側が感想や意見、注文を述べる時間があるのですが、ぼくが心がけたのは、5件の審査対象の全員に、「もしあなたの案に決まった場合、今後美術館側と話をして、美術館が要求する改善に従っていく意思はありますか?」と念押しをすることでした。世の有名建築家のなかには、自分の計画通りでないと困る、という人がけっこういて、そんなことをされたら、美術館としてつかえない建物になってしまう。極端にいえば、有名建築家が手掛けた国内外の美術館建築のほとんどは失敗作といってもいいかもしれない。たとえばスペインのビルバオ・グッゲンハイム美術館[3]は、当初は斬新な外観に世の中みんなが驚いたけれど、中で働いている人にいわせると、あんなにつかいにくい美術館はないとのことです。ぼ

[3] 1997年開館。設計はアメリカの建築家フランク・ゲーリー(1929年～)。奇抜な造形により世界中から多くの来館者を集め、経済効果、都市のイメージアップにもつながった。

くは、大阪中之島美術館をそんな美術館にはさせない、という強い気持ちがありましたから、念押しを繰り返しました。

審査委員会は審査が終わったら解散ですが、ここからかなりの時間をつかって、美術館準備室が中心となって遠藤さんと話し合いを重ねながら問題点を修正していくことが始まります。遠藤さんは、美術館側と密接に話し合いを続けられましたから、美術館の意見に素直に耳を傾けてくれたのだと思います。

ぼくがとなりの美術館にいるということもあって、審査後も準備室の人がよく相談に来られたので、いろいろと意見を言わせてもらいましたけど、ぼくの意見はあくまで参考意見で、具体的にどうするかを決めていくのは、遠藤さんと、準備室の人たちです。準備室にはのちに館長になる菅谷富夫さんと大阪市経済戦略局の洞正寛さんがいて、そのふたりが中心になって進めていました。

## ――遠藤案の評価

遠藤案は、建築関係者の言葉を借りれば、「黒い箱がフッと浮いているような構造」ということですが、これが斬新という意見が強かったです。もちろん他にも、もっと斬新なものもありましたが、どんなに斬新でも、空間がメタメタに切られていたら美術館としてつかえません。それで、遠藤さんのシンプルな直方体が評価されたわけです。かならずしも直方体であればつかいやすいということでもありませんが、内部空間はある程度つかいやすく分断することができます。

黒い外観については、意見が分かれました。街の真ん中に大きな黒い箱が浮いている景色に違和感をもつ人もいるかもしれないと言う人もいました。ぼくとしては、美術館のまわりは高層ビルばかりですから、思うほど強烈ではないと思っていました。国立国際美術館は、美術館自体は地下で、入口にヨットの帆みたいな巨大なパイプが地上に出ています。設計者はそれをランドマークにしようと考えたのでしょうが、実際に、高層ビルに囲まれてしまうとそれほど目立っていません。建築は周囲とのバランスのなかで、自己主張がひとりよがりではだめ、というのがよくわかります。

今回の実施要領の中に、周囲の環境と行き交うことができるようなパッサージュ空間を入れるということが条件として明記されていました。ですから、どの案にも、それぞれが考えたパッサージュ空間が取り込まれていました。

遠藤さん案の2階部分、水平方向のパッサージュは、南側は国立国際美術館、東側は関西電力本社ビルとつながっています。大阪市の将来的にはさらに西側に施設をつくり、現在関電ビルのほうから伸びている中之島四季の丘の通路を貫いて、中之島の区域の一体性をつくるという構想にとっても、非常に機能的でよくできていてわかりやすい。利用者にもつかいやすいということが予想されました。

垂直方向のパッサージュは、美術館の中を上下に突き抜けるという案です。デザイン的には高く評価できましたが、これと美術館の機能との折り合いがどうなのか、美術館側の人間としては悩ましいところがありました。つまりパッサージュは、光の柱にもなるからです。

美術館の展示空間は展覧会によって求められる明るさが異なります。いちばん簡単なのは完全に遮光して、人工の光を調整して適切な明るさをつくる方法で、これが安全である程度の正確性が保証されることになります。自然光は、雲が通るたびに光が変わるし、すごく気ままです。自然光を美術館の中に入れる、ましてや展示室にも入れるとなると、彫刻のように自然光のほうがきれいに見えるという作品もありますが、通常はできません。自然光を取り入れる設備を設けている美術館もありますが、実際には装置はつかわれずに閉めっぱなしにされていることが多いようです。結果的には、遠藤さんが選出されたのち、展示室には自然光を入れないということで問題は解決されました。

ほか、エスカレーターを縦のパッサージュにどのように配置するかの問題もありました。展示室は4、5階の上層階にありますから、大規模展での人流動線をどう処理するのかについて、あでもない、こうでもないと検討が重ねられました。

大阪中之島美術館は、周辺と人工地盤でつながっているのでメインの入り口は2階で、ここで来館者は立体パッサージュと出会います。1階は、ホール、インテリアショップ、レストランなどで構成されています。美術館としては、たくさんの人が集まるという場所にしたいから、いろんな業種のショップが入ることは望ましいのですが、美術館がコントロールして運営することはできない。そこで大阪中之島美術館は、ＰＦＩ事業を採用し、ＰＦＩコンセッション方式という手法でやることになりました。つまり、運営主体が大阪市ではなく民間事業者になるということです。ぼくの経験では、神奈川県立近代美術館葉山館でもＰＦＩ事業をやりましたが、最初はいいのですが10年も経つといろいろな問題も出てきていました。大阪中之島美術館も、そのあたりはこれからの課題といえると思います。

## ――建築家と美術館

ぼくが、神奈川県立近代美術館葉山館をつくったときはプロポーザルを実施して、佐藤総合計画が設計を担当しました。しかし最終的には彼らの当初の案とは完全に別ものの、どこにも段差がない、作品の移動も来館者の移動もスムーズな、非常に機能的な美術館になりました。海外の関係者から、どうやったのかとよくと聞かれるのですが、「いろんな経緯があって、建築家の意見はあまり尊重しないのだ」とぼくが答えると、「それはいい！」と、皆に言われます。

ホワイトキューブが美術館の基本的な考え方ですが、果たしてホワイトキューブだけがよいかどうか、それもまた別の話ですが、美術は時代によって変わる。その変化を許容して、美術館の空間をつかいこなさなければいけません。すると今度は空間を美術に合わせて変えていくことになります。具体的にいえば、昨今はコンピュータをつかうことが多くなり、展示室で映像を見せるときは真っ暗にする必要がある。しかし、展示室すべてを真っ暗にすればいいわけではなく、個々の作品ごとに変える必要がある。そこまでを建築設計の段階では求められないので、仮設壁をどうつくるかとか、どう部屋を小分けにするか、というような柔軟性が必要になってくる。しかし仮設壁については、美術館側の注文はなかなかうるさく、存在感のある厚みが欲しい、天井のレールは安っぽくなるとか、さまざまな要望が出ます。天井高さとの関係もあります。ですから美術館の活動において、展示室にはできるだけ柔軟に適応できる建築空間が重要なのです。

美術館と建築の問題は、繰り返しますが、つかい勝手の問題です。建築家が美術館の機能を理解せず、そもそも経験もなければ、さまざまなつかい勝手を考えることはむずかしいでしょう。だから建築家は、コンペやプロポーザルを通ったあとに、美術館側の意見を聞くということ、その姿勢が重要になるのではないでしょうか。

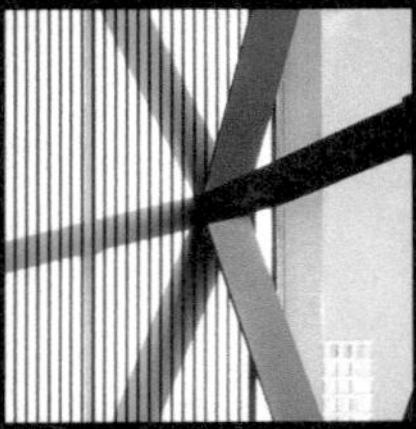

# 大阪のことをよく知らないことがいい方向に作用した遠藤案

Kana Koichi

City planner

嘉名光市
都市計画家
大阪公立大学大学院工学研究科都市系専攻教授
大阪中之島美術館審査評価会議委員(当時)

水都大阪の再生や御堂筋空間再編など、京阪神を中心として都心の再生に向けた都市デザイン、空間デザインに取り組む。2003年に大阪市立大学大学院工学研究科都市系専攻講師着任、2017年より教授。主な著書に、『都市を変える水辺アクション実践ガイド』(学芸出版社、編著)、『生きた建築大阪』(140B、編著)、『生きた景観マネジメント』(鹿島出版会、編著)ほか。日本都市計画学会石川賞、日本建築学会賞(業績部門)受賞。

## ――関西の文化拠点を中之島につくる

大阪市が新しい美術館の建設を発表したのは１９８３年です。実は伏線があって、１９７０年の大阪万博のあとくらいに、関西経済連合会(関経連)と、梅棹忠夫先生や小松左京先生などの文化界を牽引してきた人たちが中心になって、関西の文化芸術の拠点を中之島につくるという構想があったのです。そして関経連が提言し、経済界と行政が動いた。大阪市立科学館や国立国際美術館の建設とともに、新美術館構想もありました。

ご承知の通り、新美術館構想は時代に翻弄されました。私は、２０１８年まで都市計画審議会の委員で、美術館ができる前提で都市計画を議論してきましたから、計画が変更になったり白紙になったりする経過を知っているので、２０１３年に建設が決定したときには、とても感慨深かったです。

都市魅力戦略会議というのがありまして、橋下さんが大阪市長になったとき、それまでバラバラだった計画を、「都市魅力創造戦略」というテーマで府市がひとつの計画としてまとめることになりました。私は中之島を文化芸術、水と光のまちづくりの拠点にすることを提案してきましたので、新美術館の審査員によいのではないかと思っていただいたのかと思います。

## ──「中之島のまちづくり構想」のなかで

当時は、ビルバオ・グッゲンハイム美術館とか、ソウルのフローティングアイランド[1]が話題になっていて、私は中之島にも世界に負けないような、水辺のシンボリックになる美術館をつくりたいと考えていました。

中之島には、関西電力、竹中工務店、大林組、京阪電鉄、朝日新聞社などで構成された、中之島まちみらい協議会[2]という、まちづくり団体、エリアマネジメント団体があります。土地をもっていて、再開発も含めて、中之島全体のまちづくりをどうしていくかを考える団体です。そこで、建物同士の関係や、オープンスペース、フットパスのネットワークなど、ある程度組みあげられていました。いちばんわかりやすい例がデッキです。美術館の東側のダイビル本館と関西電力の本社ビルとはデッキでつながっていて、それが美術館の敷地に、そして南側の科学館や国立国際美術館にもつながります。

実施要領の「様式」の別紙1、計画条件のところに参考資料として、さきほどの「都市魅力創造戦略」や中之島まちみらい協議会の「中之島まちづくり構想」の内容が記載されていました。中之島まちみらい協議会の構想はウェブで公開されているので、見ていただけたらと思いますが、中之島全体で都市計画をやりましょうという構想です。中之島の街全体の構想の熟度が高まったことで、美術館も計画しやすくなった、ということもあったと思います。

[1] ソウル市に流れる漢江(ハンガン) 水辺改善事業「漢江ルネッサンス・プロジェクト」のひとつ。3つの人工島を「文化体験の島/公演文化の島/水上レジャーの島」とする。

[2] エリア内に民間地権者を主とするふたつの協議会があり、都市再生緊急整備地域の指定、京阪中之島新線の着工など、中之島再開発の促進を受けて、ふたつの協議会を2004年に統合し「中之島まちみらい協議会」が発足。2020年には「一般社団法人中之島まちみらい協議会」へ移行し、活動を展開。

## 遠藤案の意外性

遠藤案の何が特徴的だったかというと、建物を川べりから離していたことです。他のプランは建物を川べりに寄せて、南側、内陸側をオープンスペースとして空ける提案が多かったのです。それはなぜかというと、さきほどの「中之島まちづくり構想」にも、街の背骨にオープンスペースとして中央緑道をつくることが書かれているので、これまでの経過を知っていれば、南側をオープンにするのが一般的な解釈になります。

ですから、遠藤案を見た最初の率直な印象は、「この人は大阪のことをあんまり知らんのかな」でした。でも逆に、知っている人にありがちなプランではなかったので、面白いとも感じました。

もうひとつ、プランを決めていくときに関わる重要なこととして、北の川べりの広島藩の船入遺構のことがあります。埋蔵文化財として保存対象ですから、触れない場所なので、多くの案はピロティを設けてその上に美術館を乗せる、そんな提案が多かったのですが、遠藤案はとてもシンプルな解き方をしていました。つかえないなら船入遺構の上は駐車場にすると。船入遺構があったから建物を南側に下げたのかもしれません。

水辺からの見え方、船入遺構の処理、中之島まちみらい協議会のマスタープランに即しているかどうかが、建物の大枠を決める条件として要項にありました。1次審査では68案の中からそれぞれ解き方の違う5案選ばれたと思います。

## ——1次から黒い外観で勝負してきた

この10年くらい、中之島は都市再生の緊急整備地域になったこともあって、高密なビル群が立ち並ぶ場所になりました。大阪中之島美術館は、そのなかの美術館ですから、外観はむずかしいだろうと思っていました。たとえば、水辺に建つ美術館で魅力的なものは、わかりやすい例でいえばビルバオ・グッゲンハイムみたいなものを想像しますが、あれはまわりに高い建物がないから、水辺のシンボルになり、街の象徴になるわけです。

実際にコンペではいろいろなアイデアがあって、それこそ丸いかたちにしたり、ガラスブロックのような素材をつかったり、周囲からの識別性を高めるような、ひと目で存在感が浮き出るような提案が多かったです。ボリュームを分散させるというか、よくあるビルのかたちを崩そうという意図のものもありました。

それらのいろいろな解き方も面白かったのですが、そのなかで遠藤案の黒い箱は、「えっ、この解き方?」という印象でした。中之島の街を歩いたり、船に乗ったりして、あの建物に遭遇したときに、「何これ?」ってなるなと思いました。中之島は、黒いトーンのビルというか、風格を感じさせるビルが多いエリアです。ですから、まわりと同化した、ビルの形態のひとつの派生形ともとらえられますが、やはり、かたちが気になってふと足を止めてしまうような建築として、うまく解いていると思いました。

黒の素材は遠藤さん自身も悩んでいたと思いますが、スチールなのか、石なのか、タイルなのか、目地はどうするのか、コンペの段階ではわからなかった。黒で勝負に出るにしても、質感によって美術館の印象が決まるので、それがわからないと評価できない、というむずかしさもありました。

それでも1次審査の段階から、遠藤さんが黒で提案したのは、よかったといえるかもしれません。実は、ホワイトキューブの提案が多かったのです。ガラスをつかったような提案はかたちも具体的に表現していましたが、他のプランは2次審査でのお楽しみ、みたいなホワイトキューブが多かったのです。ですから、最初からきっちりと黒で提案していた遠藤案はかなり目立っていました。しかし私は、もしかすると最終的には黒じゃないかも、と思っていたところもあったのですが、2次審査でも黒でした。

## ——思い切ったパッサージュ案が要項条件をうまく解いた

パッサージュや外部空間との関係については、遠藤案は思い切っているような印象を受けました。歩行者デッキの動線やパッサージュのとらえ方について、端のほうに少しだけ人が通れる動線があるというような、しぶしぶ感のあるものが少なくなかったのですが、遠藤さんは、ズボッと美術館の真ん中にパッサージュを挿した。

実施要領の条件に書いてあるから付けたのではなくて、建物の上層階も含めた全体のコンセプトとしてパッサージュを自分のものにしたといいますか。建物のコンセプトと、要求されていた街との接点のパッサージュを一体化させている。街との関係をうまく解いているという意味においては、非常にうまいと思いました。

もしかすると、大阪のことをよく知っている人は、多少のことをしてもこのエリアを人が好んで歩くような魅力的な空間にはならない、というような諦めにも近いものがあったのかもしれません。大阪のことを知っていれば知っているほどそうなったかもしれない。

だからこそ、求心力みたいなものを建築にもたせて、中に引き込まなければならない、という考え方になるのだけれど、そうではなく、建物のコンセプトと周辺の状況をパッサージュという言葉でうまく括るのだ、という意味での遠藤さんの解き方はいちばんうまかった気がします。遠藤さんのことを、大阪のことを知らない人と言いましたが、知らないということが逆にいい意味で作用したのかもしれません。

内部空間も、立体的に処理するということが単純に面白かった。私は都市計画が専門なので、どうしても外部との接点に興味がいくのですが、外部にひょこひょこと四角やL字型の窓が顔を出していて、そこから少しだけ内部をうかがえるというところも、つくりとしてとてもいい。もっとあからさまにデッキをつくって屋外に出られるような案もあるでしょうが、控え目に建物の内外をうまく組み合わせているという意味でも遠藤案は面白かった。一方、遠藤案はパッサージュにやや力を入れすぎたのではないかとも思いました。

美術館関係者の審査員からは、美術館は大空間がひとまとまりであることがベストで、フロアは分割されていないほうがいい、という原則が示されていました。しかし、コンペの遠藤案は、展示室が細かく分かれていました。コレクションを収蔵庫から動かす線も不十分な点があり、ここは課題として、採用するにしても、変更前提になるだろうということでした。

他に気になったところは、船入遺構の処理です。コンペの段階では、丘にスロープをかけて直線に登っていくような処理をしていましたが、最終的にはランドスケープの設計事務所が協力会社として入って、ゆるやかに丘を登るような景観性のある処理となり、芝生広場が形成されました。

## ――一緒につくっていける人

たとえば、壁がガラス張りで内部が外からもよく見える案がありました。美術館関係者の審査員からは「美術館としてありえない」という評価でしたが、建築系の審査員はガラス張りの街に開いた美術館というコンセプトがとても面白いと評価していました。評価は見方によっていろいろです。しかし、大きな改変がなければコストがおさまらないだろう、という懸念は残りました。こうした意味でも、遠藤案は、コストを抑えるということでもいろいろと十分議論できそうだと感じました。

例の国立競技場は、コスト超過や要項違反などでかたちを変えた修正案も出ましたが、そうなったら、もはやもとのザハ・ハディドの案ではない。選定しても実際には矮小化されたものにできあがる、というリアリティを考えたときに、遠藤さんの案はアレンジしても変わらないというか、ちゃんとリアルにもっていける柔軟性があった。それは遠藤案自体がいろいろなものを吸収できる素地があったし、遠藤さんの人柄というか、キャラクターからしても、そういうことを受け入れてくれる人なのではないかと、それに賭けたということはあったと思います。

2次審査のプレゼンテーションを受けて、私もいろいろなことをコメントしました。これも遠藤さんが大阪のことを知らないことに起因しているのかもしれませんが、遠藤さんが「ダメなところを言ってもらえたらどんどん変えていきます」みたいなことをおっしゃったのがすごく印象的でした。この「一緒につくっていける人」というイメージがポイントとして大きかった。いろんな設計や計画の条件があるなかで、遠藤さんの提案では不十分なところ、読み切れていないところがあって、それは他の提案者も同じですが、条件の変更を柔軟に受け止めてくれるかどうかというところでは、遠藤さんの評価がいちばん高かったのです。

変更を経た最終実施計画案と最初の提案の印象があまり変わっていないといわれていますが、それは遠藤さんたちが相当にがんばったからでしょう。スタディ模型の数の多さたるや驚きでした。もともと遠藤さんが、低コスト住宅をたくさん手掛けてきた経験もよかったのでしょう。

コストについていえば、公共建築では設計者の選定後に工事費がふくれあがることがよくありますが、国立競技場の問題があった直後でもあり、大阪市は絶対に認めないという姿勢でした。建築家も、コンペに対する認識を改めないといけなくなっています。選定されてしまえばコストが膨らんでもしかたないということは、もう通用しません。アトリエ系の建築家にはますますきびしいと思います。大阪中之島美術館についていえば、協力された東畑建築事務所のエンジニアリング能力の貢献もかなり大きいのではないかと思っています。

## ——これからの中之島西エリア

中之島は、今後大化けします。鉄道インフラの再整備計画があって、2031年開業予定のなにわ筋線が難波を介して関西空港から直通でつながり、中之島を通って、うめきた(大阪駅北側の貨物ヤード跡地)にできる新駅を通り、新大阪までつながる計画があります。そしてそのなにわ筋線の(仮称)中之島駅が、今回の美術館のすぐ近くにできます。いままで中之島の端と思われていたエリアが、関空とも新大阪とも直結する場所に変わるのです。

さらに将来的には、大阪国際会議場の東まで京阪中之島線が延伸されて万博会場[3]となる夢洲まで直通でつながる計画もあります。つまり大阪中之島美術館は東西方向にも南北方向にもつながる、その要の位置にある美術館ということです。

中之島センタービルというビルがあります。中之島のいちばん西に建っている白いタワーで

[3] 2025年国際博覧会(大阪・関西万博)会場や統合型リゾート(IR)が建設される大阪湾の人工島。

す。「どこがセンターやねん」とこぞってツッコむような位置にありますが、実は関経連や関西経済同友会はこのビルに入居しています。関西の経済界のセンターはここにあって、つまり中之島の西側は、これから大阪が発展していくためにはとても重要なエリアであるという位置づけは、昔からありました。ところがなかなか開発やまちづくりがついてこなかった。ようやくそれが今回の美術館によって実現に向かうことになったのです。

大阪は近世からの町人街なので、基本的に敷地が短冊状で一つひとつの敷地がすごく小さい。京都もそうですが、昔は間口の幅で税金の金額が決まっていましたから、町家は間口をできるだけ狭くして奥行きを深くしていました。一方、中之島には蔵屋敷が多かったので、大阪の都心にまとまった敷地が残されていた。再開発といえばうめきたですが、あそこは鉄道の操車場跡地です。あの場所になぜ操車場ができたかというと、町外れだったからで、街の中心ではなかったのです。中之島は鉄道網から外れていて、なかなか開発が進んでいませんでしたが、昔から大阪のなかでもポテンシャルのあった場所なのです。

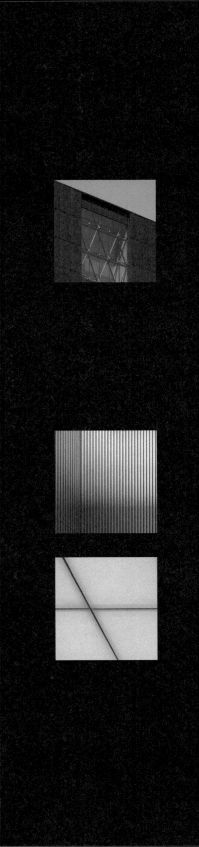

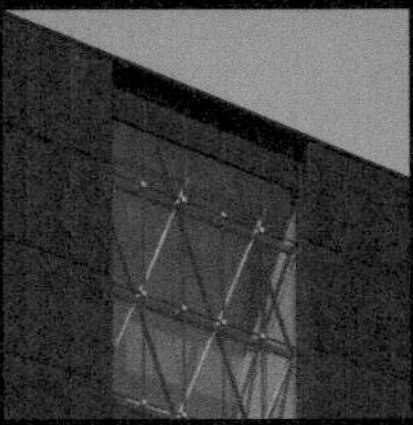

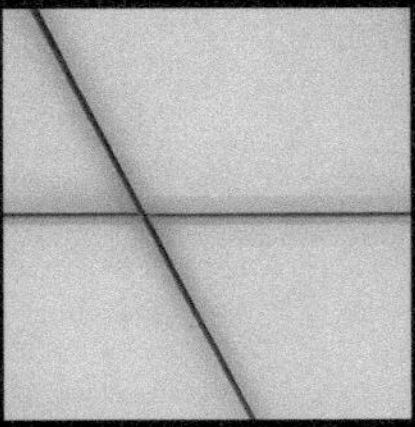

## 竹山聖

建築家
設計組織アモルフ代表取締役
大阪中之島美術館審査評価会議委員（当時）

京都大学工学部建築学科卒業後、1977年東京大学大学院に進学、原広司氏の下で修士課程、博士課程を修める。大学院在学中の1979年に設計組織アモルフを創設。京都大学教授（2020年まで）。強羅花壇、べにや無何有、周東パストラルホール、大阪府立北野高校、新宿瑠璃光院白蓮華堂などを手掛ける。主な著書に、『独身者の住まい』（廣済堂出版）、『ぼんやり空でも眺めてみようか』（彰国社）、『庭／のびやかな建築の思考』（A&F BOOKS）、『京大建築 学びの革命』（集英社インターナショナル）などがある。

Architect

## ――コンペの参入障壁をつくらない

はじめに大阪新美術館の準備室から審査員の打診があったときは、すぐにお断りしました。審査員になったら応募できないですからね。そうしたら、もう一度話を聞いてほしい、どうしても審査員になってほしいと、言われました。

当時の実施要領案を見ると、非常にきびしい参加条件がついていて、6000平米以上の実績、それから過去5年だったか10年だったか忘れてしまいましたが、美術館か博物館を受注した経験があることとあった。これらを一切外すということが、ぼくが審査員を受ける条件だと伝えました。

先方はたぶん、すごくがんばってくれたのだと思います。結果、過去の美術館の実績条件はすべて削られ、6000平米以上だった設計実績条件が2000平米まで下がりました。本当は2000平米も納得していないのですが、それならば、ということで審査員をお引き受けしました。実施要領について、ぼくはその条件改定以外、施設の内容については全く関わっていません。

今回はコンペでしたが、多くのプロポーザルで、出来レースとまではいえないかもしれませんが、若手の建築家の参入を妨げるような、いろんな思惑のなかで運営がされていることがあります。コンペをフェアに実施したいなら、きびしい条件をつけて参入障壁を上げ、参加を制約するようなことは絶対よくないと思います。

ぼくが若かった1980年代半ば、われわれアモルフが入選した第二国立劇場[1]や湘南台文化センター[2]、愛知県文化会館[3]などのコンペは、誰もが応募できるものでした。海外からも応募できた。

つまり、門戸を開いて、きっちり審査をして案を決めるというのが本来のコンペで、そのなかから将来の建築界を担っていく人材も出てくる可能性があるのです。

人間は組織のなかでも生きていますが、個人としても生きているわけだから、すばらしい個人が出てくると拍手喝采するわけです。野球だと松井秀喜とかイチローがそうだったし、バスケットボールだと八村塁がそうです。そういう、努力をして報われる人たちが出てくることが社会全体を活性化させる。建築界も文化のひとつですから、当然そうであるべきだと思います。そうじゃないと、やる気と能力のある新しい人たちが参入してこなくなります。

これはただ単に若手のためというだけではありませんが、ともかく最初に障壁をつくらないことが重要です。

うちの研究室から多くの建築家が出ています。彼らのような優秀な人材が公共建築に関われるようなプロポーザルやコンペであってほしいと思っています。

1000平米に満たないものしか建てていないなかにも才能ある若手はいます。今回の要領についても、ぼくの教え子に1000平米なら参加できたという人がいました。

[1] 1986年に行われたコンペ。最優秀案に柳澤孝彦ら竹中工務店設計部が選出された。現名称は新国立劇場。

[2] 1986年に行われたコンペ。最優秀案には長谷川逸子が選出された。

[3] 1987年に行われた愛知県の新文化会館のコンペ。最優秀案に日建設計が選出された。

ぼくが若い頃にはプロポーザルではなくコンペでしたから、ものすごくフェアでかつ参入障壁がないので、いくつか佳作や入賞を経験できました。若々しく意欲に燃えてこれから社会をつくっていく人たちが、前向きに仕事ができる建築界をつくっていきたいですね。

一方、審査員の能力にも問題があるでしょう。地方のコンペだと建築がわからない審査員もいますし、もともとの自治体の思惑である程度の路線が引かれていて、情報も開示されずに、あらかじめ決まっている人たちが参加するようなこともあるでしょう。今回のように、大阪市が少しでも風穴を開けてくれたことは、とてもよいことだと思います。

たとえば、新国立競技場の場合は、いざ本当にオリンピックが決まりさまざまな動き、政治的なことがいろいろとあって、ひっくり返ってあの結果になった。大阪市のつくる美術館がそんなことではいけない。そんな思いで、審査員を引き受けました。

審査員は、審査委員長の山梨さんと逢坂さんが美術館関係者。それに都市計画の嘉名光市さん、設備環境の相良和伸さん(大阪大学大学院工学研究科教授・当時)という専門家の方々がいて、図面を正しく読める建築設計の専門家は、ぼくと岸和郎さんと髙田光雄さんの3人でした。

## ――図面の読める審査員の役割

ぼくはコンペでは図面をきっちり読むことがいちばん大切だと思っています。図面が読めない方たちは、ずらっと並んだ図面があっても、設計要旨などの文章しか読めない。設計者が書く設計主旨では十分な意図が正確に伝わるとはとても思えないし、誇張だったり、言い足りないことがたくさんあったりするわけです。

本来のエッセンスではないところで、たとえば省エネルギーがこうだとか、何かしらポリティカルコレクトなことばかり書くわけですが、そうした文章だけでは書かれたことが実際に建築に反映されているかは判断できません。

図面が読める審査員の役割は、この空間がいかにすばらしいか、どういうふうに機能的にうまくできているかを、他の審査員にもわかるように伝えることでもあります。建築が専門でない人たちは、同じ平面に部屋が並んでないと、つながっているかどうかわからないので、「ここは斜めになっていますが、ここがつながっているからつかえると思いますよ」ということを説明しました。

建築の基本はもちろん機能ですが、それだけではないところが実は重要であって、それこそが空間の価値といえるでしょう。機能的なことについてアドバイスをしながら、空間的な価値についてもコメントしました。

1次審査で5点を選びましたが、その5点以外にも面白い案がたくさんありました。たとえば空中庭園に森があって、それを美術館が囲んでいるような案を魅力的に感じました。しかし美術館関係者からすると「窓を開けると虫が入るから、屋根に木を植えるプランはだめです」となって、それ的な案が全部落ちる。

船入遺構については、多くがそこを避けて建てる案でしたが、遺構の真上に建物をつくるものもあって、そうすると中之島の真ん中に大きな広場ができる。その意義をぼくが説明したら、他の審査員も納得されてその案も2次審査に残すことになりました。

案のバラエティーの幅を残すための議論もしました。同じような提案だったら比較検討してよくないほうを外しました。

## ――遠藤案の印象は

バランスのとれた、内部空間が豊かな案だと思いました。

1次審査ではだれが設計したかはブラインドになっていたので、のちにわかったことですが、ぼくは1次審査の段階でこの2案しかないと思っていたものがあって、それが遠藤さんと槇文彦さんの案でした。日建設計案は、1次審査のときのほうがよかったのですが、2次審査になって提案を変えてきて、それがあまりよくなかった。

2次審査の前に図面が届くのでそれを確認すると、人が歩いて楽しい、中之島の場所にふさわしいものは、やはり槇さんと遠藤さんの案でした。これは消去法ではなく、このふたつがいいと思ったのです。槇さんの提案は、相当よかったといまでも思っています。

ところが2次審査で、川に面して槇案のガラス張りで自由に展示ができるスペース、この「どここにも属していないスペース」のオペレーションがむずかしいという意見が出て、議論になりました。

ぼくが遠藤案でいいと思ったのは1階の機能で、レストランやさまざまな要素が街に面していることで、審査でもこのことを強く訴えかけました。美術館という閉じた空間のなかでの営業となると、営業が美術館の運営と密接に結びついていますから、自由度が低くなりテナントが入りにくい。レストランは美術館が閉館した後でも深夜まで営業できるとか、独自の裁量ができるほうがいい。

そういう商業的な観点からも、遠藤案はよく解けていると思いました。他の案ではこの視点はありませんでした。美術館としても機能的にもうまくまとまっていましたし、訪れた人たちも、エスカレーターで上に昇っていくことで、わくわくするようにもなっている。

槇さん案は、外に開きながらぐるぐる回っていくという感じで、遠藤案は外に対しては基本的には閉じていながら、中に立体的でダイナミックな空間をつくった、この違いがありました。

ぼくは建築において「作品性」について考えたことはありません。建築は建築ですから、芸術的な側面はありますが、作品ではなくて、愛されるかどうかなんです。だから長い目で考えてコンペの審査に臨まなければいけません。

たとえば、いまどんどんモダニズムの建築が壊されていますが、壊される理由というのは「つかえない、もたない、汚い」の「3ない」なのです。

維持費が大変だとか、雨が漏るとか、最近だと耐震性がないとか、一種の言い訳のようにつかわれますが、これらを超える価値観に、美があるのです。「用・強・美」[4]の美です。「美」は「喜び」であって、これが重要です。喜びを与えるか、愛されるかどうかによって、建物が残っていくかが決まる。審査でも、この3つが揃う建築を選ばなければいけない。遠藤さんの提案は、そういうものを併せもっていると判断しました。

黒い外観についてはあまり否定的な意見はなかったと思います。一種の宙に浮いた巨大な彫刻のようにも見えましたし、夜の外観パースも提出されていましたが、美しいものでした。美術館はよく「ホワイトボックス」と揶揄されます。何の個性もない、ホワイトボックスなら何にでもつかえる。遠藤案の黒はそれに対するアイロニーかとも思いました。

黒といえば、ジャン・ヌーベル[5]が、「黒のなかにすべてがある」と言ったことをいつも思い出します。第二国立劇場の黒いヴォリュームが浮いた提案もすばらしい案でした。黒は何にでも合います。黒にグリーン、黒にブルー、黒に赤、どの色をもってきても黒はそれを引き立てる。しかもどんなに黒く塗っても、太陽の光を浴びる限り真っ黒にはならない。遠藤さんの黒もテクスチャーについて書かれていましたが、光の加減によって全然違う色になると思っていました。

[4] 紀元前1世紀、古代ローマ時代のヴィトルヴィウスによって提唱された建築の3大要素。

[5] フランスを代表する建築家(1945年〜)。2001年に高松宮殿下記念世界文化賞、2008年にプリツカー賞受賞。

## ──「どこにも属さない場所」

「どこにも属さない場所」とは、ぼくが設計するときは、公共建築に限らず、住宅でもある程度規模がある場合に考える「機能を与えられない場所」のことです。

機能主義の建築、たとえば学校なら教室や職員室、講堂、トイレなどは、場所に使用目的があります。しかし記憶に残っている学校の場所とは、そうした機能のある場所ではなくて、廊下の片隅とか階段とか入口とか「どこにも属さない場所」ではないでしょうか。

ぼくが設計した大阪府立北野高校もそうです。正規のプログラムに合致しない場所をいつも提案しています。廊下が少し広くなったり風景に開かれたりしているだけでもいいのです。

ルイス・カーン[6]が言っていたのですが、「コリドー(廊下、通路)ではなくギャラリーと読み換えなさい」と。部屋と部屋をつなぐのが廊下ですが、「廊下」というとたんに幅は2メートルとか、まっすぐつなぐとか、という発想になります。

しかしカーンは「廊下」を「ギャラリー」と読み換えてそのように発想するので、カーンの建物には廊下はありません。光が入ってきたり、でこぼこしていたり、人がたたずんで思いを馳せたりすることができる「場所」になっている。

カーンの言う、「サーヴドスペース(サポートされる空間)」は目的をもった場所で、当然機能するようにつくる。ただし「サーヴァントスペース(サポートする空間)」はそれを結ぶ場所、これが

[6] 20世紀を代表するエストニア系アメリカ人建築家、都市計画家(1901〜1974年)。

重要で、サーヴァントする廊下や庭、そういうところに命を吹き込みなさいと言っています。

## ——建築家は民意の触媒である

個人の建築家だけでなく、ゼネコンの設計部にもぼくの教え子がいますが、そのなかでうまくオーナーを説得して、そういう空間をつくろうとしている連中もいます。しかし資本の論理に負ける傾向が得てしてあります。その点、個人の建築家のほうがオーナーと交渉してだめだったら仕方がないと諦めもつく。しかし、組織の場合は発言や発想自体を潰すような論理が働くことがあります。とはいえ、組織であろうと何だろうと、そもそも基本的につくるのは個人なので、その個人が個人としてしっかりとした意見をもって決定に関わる意志があれば、変わっていくと思います。

一般の市民も、建築を愛して、建築とは文化であり、われわれの都市は建築によってできていくのだ、建築にいつ行っても楽しめるようなスペースがあるほうがいいのだ、ということが民意になればいいと思います。

民意には、行政も耳を傾けます。建築家や組織の設計者はその触媒だと、ぼくは言い続けてきました。

建築の傾向というのは、基本的には正規分布だと思います。多くの自治体は正規分布で安全な側につくってほしいと思っている。でも新しい革新はそうでない部分でアイデアが生まれて、それがやがて正規分布の中心になっていく。時代を経るにつれてよくなっていくのだと思います。

ぼくの研究室の学生やそれに近い学生には、個人として生きるなら明快に、組織に入るなら組織のなかで決して大勢に流されずに、個人としての意見をもち続けろといって送り出しています。

やはり倫理の問題なのです。モラルは社会が決めますが、倫理は個人が決めます。個人の心のなかにしっかりとした倫理があれば、社会は変わっていくのです。

## ――行政と一緒になってつくるという姿勢が評価された

結果的にですが、大阪市の人たちがすごく喜んでくれましたから、遠藤さんの案が選ばれてよかったと思います。行政側も価値観をもって一生懸命でしたし、30年以上このプロジェクトに関わっている人もいて、そういう人たちは、もともと大きな組織や資本の論理に流されたくないと感じていたと思います。

遠藤さんは、いい意味であまり経験も実績もなかったですが、行政としては、能力がある人と一緒に自分たちが思っていることをつくりあげていきたいということだったと思います。遠藤さんは話しやすく、そして毅然とした態度と倫理をもち、さまざまな意見を聞きながら彼らと一緒につくりあげるというスタイルをとった、それがよかったと思います。

大阪市も偉いと思います。その当時市長だった吉村洋文[7]氏が決断し、当初要求していた予算ほどではありませんが、かなりの額の予算がついて、そして市会議員やいろんな人たちがさまざまな検討を重ねて議会で話に出し、大阪市会がフェアに行うべきだと議論して公開コンペになり、要領を一生懸命につくって、フェアに審査が行われた。裏が全然ない。コンペやプロポーザルでは不明朗なものもありますから。

阪神・淡路大震災(1995年)のあと神戸の復興は、ブロックごとにゼネコンに振り分けて再興を図ったわけですが、それ自体は効率的だったかもしれませんが、さてそれで魅力的な街ができたか、というとわからないですよね。

みんなの意見を聞いて多数決で決めるというのも、ぼくは間違っていると思っています。多数決だと平均値しかできない。ミケランジェロのような才能は絶対出てこない。

――今回のコンペから学ぶべきポイントは

審査員はいろんな意見を言いますが、最終的には市長が認可するわけです。できる限りの叡智を集めて、さまざまなものを集める枠組みが必要ですけれど、そういう枠組みをつくって運用していく行政側の熱意がないと、いい公共建築はできません。今回はそうした熱意をもった行政マ

[7] 2015年から2019年まで大阪市長、2019年より大阪府知事を務める。大阪中之島美術館のコンペ当時の大阪市長。

ンが集まっていたのと、それがたまたま変な外圧に晒されずに守られてコンペの決定が行われた。

行政の人たちの多くは当初こそそうした情熱をもって役所に入ってくるのですが、長いものには巻かれろとか、特に財政基盤の十分じゃない地方自治体になるといろいろなしがらみに巻き込まれて、ついさもしくなってしまう。大鉈を振るえないというか、すがすがしい決定ができないようなところがあるのだと思うのです。

だから、今回は吉村市長もよかった。首長の英断ですね。何よりフェアでやる気のある行政マン。そして適切な審査員ですね。これらが絡み合ったことがよかった。

一人ひとりがフェアでよりよい社会に向けて倫理をもつということが、建築界や日本の都市、建築文化をよい方向に向かわせる重要なきっかけになっていくのではないかと思います。

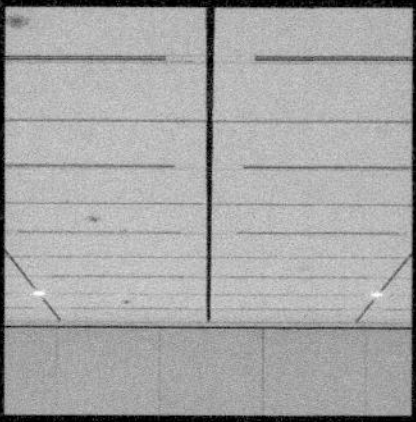

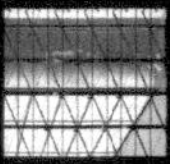

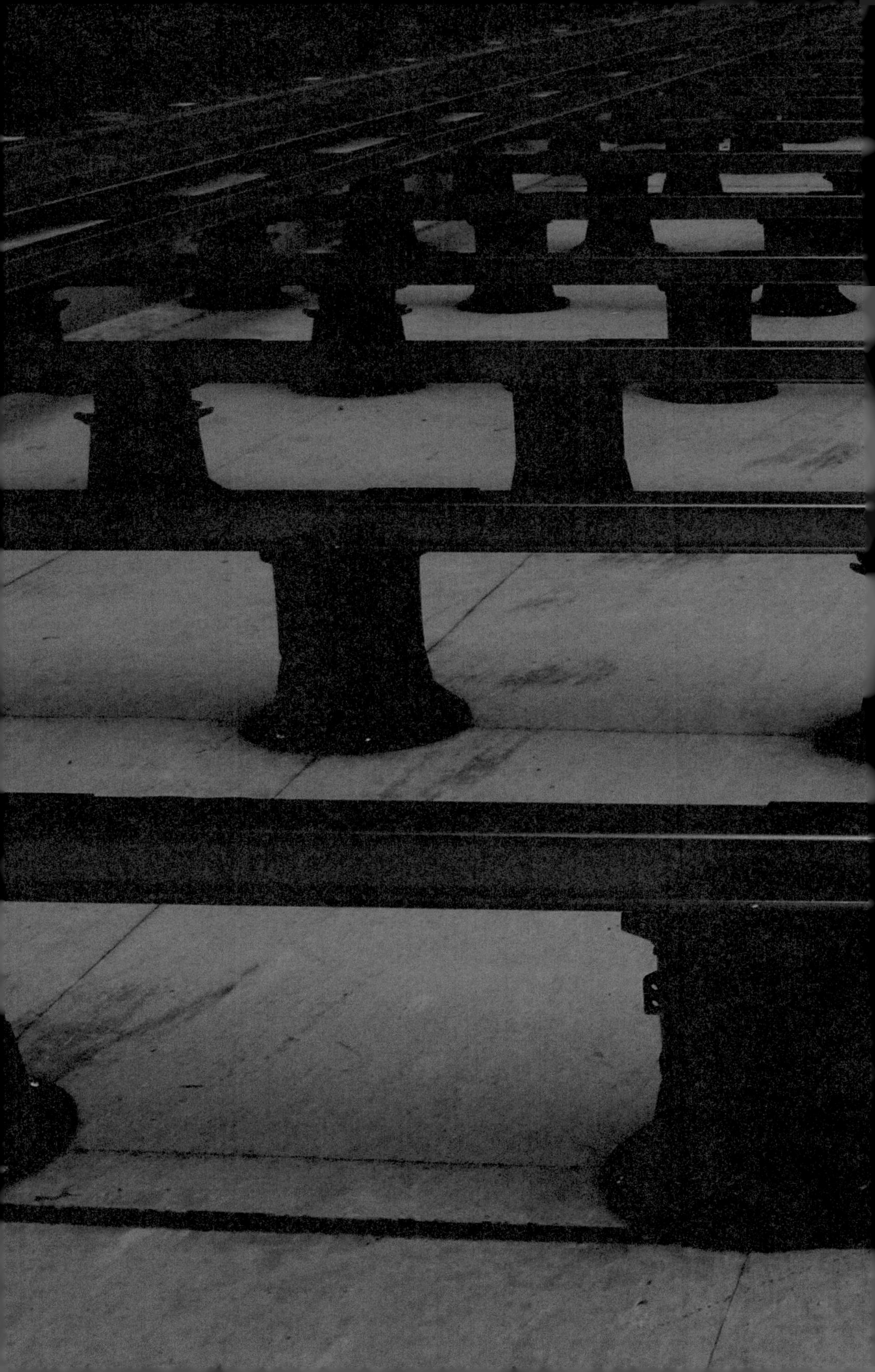

# 建築家のコンセプトをかたちにする慎重かつ必死な構造家の仕事


佐藤淳
構造家
佐藤淳構造設計事務所技術顧問
東京大学大学院新領域創成科学研究科准教授


１９９５年東京大学大学院工学系研究科建築学専攻卒業後、木村俊彦構造設計事務所勤務。２０００年、佐藤淳構造設計事務所設立。２０１０年より東京大学大学院工学系研究科建築学専攻、特任准教授。２０１４年より同大学院新領域創成科学研究科環境学研究系社会文化環境学専攻、准教授。２０１６年よりスタンフォード大学客員教授。構造設計作品として、芦北町地域資源活用総合交流促進施設構造設計、第13回ヴェネチア・ビエンナーレ国際建築展日本館などを手掛ける。

Sato Jun
Structural engineer

## ——コンペ案作成時の関わり方

遠藤さんは、ほとんどのコンペやプロポーザルでうちに声をかけてくれていると思います。創案時のヴォリューム程度の模型ができた段階で、ディスカッションを始めます。おそらく遠藤さんもその場で考えるのが好きなのだろうけども、ディスカッションのなかで生み出されることを楽しんでいる雰囲気もあるので、あまり構造デザインを限定せずにディスカッションをします。

遠藤さんは年齢的にはひとつ上ですが、大学院の同級生です。遠藤さんは大学院から東大に入られたこともあって、大学院では構造と意匠はあまり交流がなく、それぞれの研究活動にかなり時間が取られるので、学校の頃は知り合いではなかったです。私も遠藤さんと同様、原先生のアトリエ・ファイでアルバイトをしていたのですが、そこではニアミスしています。

その後、私は木村俊彦構造設計事務所[1]に勤めて、4年半勤めたあと独立しましたが、遠藤さんは卒業してそのまま独立していました。

遠藤さんと最初にご一緒したプロジェクトは「下田の家・下田眼科クリニック」(2002年)です。そうして住宅規模のものをやりながら、だんだんプロジェクトが大きくなっていったというイメージがあります。

遠藤さんの、いかにコンペの要項に合うようにデザインを考えるか、もしくは主催者の方々の

[1] 構造家・木村俊彦(1926~2009年)の事務所。原広司設計の梅田スカイビルなど、多くの著名な建築家の構造設計を手掛けた。

思いを実現するかという思想は、原先生から受け継いでいると強く感じます。あるとき遠藤さんが原先生に「京都駅のコンペはどうして取れたのですか」と聞いたら、先生は「コンペの要件をすべて満たしたからだ」とおっしゃられた、と遠藤さんから聞いたことがあります。

## ――コンペ案で構造屋が想定すること

コンペの黒い箱を浮かせるというアイデアについては、美術館は窓が少ないので実現しやすいだろうと思っていました。また、免震についても要求されることはわかっていました。大阪は全般的に、液状化問題や最近は南海トラフ地震についてもよくいわれていたので、なんとなく厄介なところだろうと思っていましたが、蓋を開けてみたら構造設計的に日本屈指の難所でした。

液状化対策として建物を軽くすることが必須で、ならば鉄骨造だと。しかも開口が少なめということもあって、鉄骨で筋交いがかなり入れられそうだったので、鉄骨の軽いボックスがつくれそうだと。ただ、内部にはパッサージュをつくる関係でくねくねと入り込んでいく大空間がある。そのため、ラーメン構造の立体格子を、内部をえぐり取った状態になる。そこで、美術品を運ぶための大きな通路が必要であり、展示室や収蔵庫のような大きな空間がある状況なので、2層分のトラス(部材を完全に固定しないピン接合でつなげ三角形を構成する構造)にしようと考えました。

2層にまたがる筋交いを入れていくと、それだけの背のある梁みたいになりますので、かなり鉄骨が減らせる。そうやって相当軽量化ができるというようなことを考えました。ですので、ヴォリュームのあるボックスを支える柱はピン柱（柱脚部を節点が自由に回転するように接合した柱）をつかい、かなり浮遊感を出しました。全体的に軽量化すると、基礎への負担がかなり少なくなるという提案もしました。そのあたりがコンペの段階での構造の提案でした。

## ——コンペ案の実現とコスト管理

大阪中之島美術館は、できるだけシンプルに「黒い箱を浮かせる」というイメージでしたので、もともとコストがかかるデザインではありません。シンプルなかたちなので内部をくり抜いていてもまわりの構造体をしっかりつくれますので、無理な構造でもありません。ですから、私にはコンペで選ばれたデザインのまま実現していけそうだというビジョンはありました。

しかし実際の設計が始まってみると、単純なラーメン構造（柱と梁の構造体を一体化させる建築構造形式）から複雑になっていきました。ジャングルジム状の立体格子の中をくり抜いていくというシンプルな構造だったはずなのですが、遠藤さんが、美術館や大阪市の方々の気持ちを聞いて、「ちょっとだけ形状調整を」というところをどんどん盛り込んで、少しずつイレギュラーが増えていったのです。床にちょっと段差が発生するだけでもコストアップになるわけです。それをあちらこちらでやっていると、鉄骨量だとか細工の手間が少しずつ増えていきます。

また、免震も求められていて、今回は告示ルートではなく大臣認定のルートでの確認申請[2]を進めることにしました。そうすると、応答解析という、地震で揺らすシミュレーションが必要になります。しかも南海トラフの地震で、いままでの設計よりも地震動が大きくなりそうな地域に大阪が指定されているのです。日本で4カ所指定されているのですが、なかでも中之島はOS2という地域です。

1、2、3とレベルがあって、中之島は2番目に高いというもので、従来の1.5倍ぐらいの地震動を想定しないといけない。長周期地震動が起きるのですが、これが免震には厄介な話で、以前は免震の周期を4秒以上にしておくと地震動と共振しにくいから変形などが抑えられるといわれていたのですが、そうとも限らないとなってきた。4秒から7秒ぐらいのところに大きな応答を示すところがあるということで、ここは避けたほうがいいと。そうすると、本来免震は5秒ぐらいの周期を目指すところを、もっと短いほうがいいということになるのです。それはなかなか厄介で、短くしすぎると、2秒以下くらいのところでまた反応の大きいエリアがある。なので、固有周期3.5秒ぐらいを目指そうということにしたのです。これがまずひとつ目の難問でした。

加えて、大阪には上町断層[3]という断層があるのですが、それを設計が始まってから知りまして、よく話を聞いてみると、これも従来の設計で想定されている地震動以上のレベルの地震が想定されるというので、この断層に対しても検討しないといけなくなりました。さらに液状化も

[2] 建築基準法6条1項、2項に該当する場合、建築主は建築主事、または指定確認検査機関に確認申請書を提出し、これらの者の建築確認を受けて、確認済証の交付を受けなければ建築することができない。特定の設備などに関しては、国土交通大臣が定めた構造方法を用いて認定書の提出が不要となる告示ルートと、国土交通大臣の認定を受けた設備を認定書の提出と合わせて用いる大臣認定ルートがある。

[3] 大阪府北部の豊中市から大阪市内の上町台地西端を通り、大阪府南部の岸和田市まで及ぶ約40キロメートルの活断層。

するとなると、杭のてっぺん5メートルくらいがゆるくなると想定しないといけないので、このせいで杭がだいぶ太くなります。コストコントロールをしないといけないなかで、地震も大きい、液状化するということで、構造のコストはかなりかかりそうだと考えられました。

そこで、まず免震システムをできるだけシンプルにするという工夫を盛り込んだのと、軽量化することで免震装置も減らせるので、スラブも軽くつくろうと考えて、ハーフPCスラブ[4]を提案しました。このおかげで、鉄骨の小梁もだいぶ減らせました。

遠藤さんからは、コストがおさまらず設計が見直しになったり、不調になってプロジェクトが進まなくなったりすることは、絶対に避けなければいけない、という建築家業界の信頼を背負っているような、そんな意気込みが感じられました。ですから、私は慎重に、そして必死になってコストダウンをしました。

[4] 工場で製作（プレキャスト）した床板を現場で配筋、コンクリートを打ち込み、合成スラブとする工法。

## ——鉄骨がない

いよいよ2019年2月に着工となるわけですが、すぐに東日本大震災後の建設ラッシュや東京オリンピックの関係で鉄骨が入手しづらい問題に直面しました。日本全国の鉄骨ファブ（ファブリケーター。鉄骨製作工場）が大忙しで、スケジュールが空いてない。また、大阪中之島美術館はSグレードと新Hグレードという上位2グレードの指定をしていたので、対応できる鉄骨ファブが限られており、調達に苦労しました。最終的にはなんとかなったものの、数多く鉄骨を分担してつくってもらうことになり、その分鉄骨の検査の回数が増えますし、つくったところによって工事検査における指摘事項が違っていたので大変でした。

また、人工地盤の上の2階ですが、この空間があるおかげで、浮遊感が出ます。平面の1／3のみがピロティ状になっているのですが、全体的に浮いているように見える。支えているピン柱はかなり細くできています。数も少なめにしてあります。トラスをつかったり、梁せい（梁材の高さ）が大きい部分をつくったりして、ピン柱を少なくすることで、あまりコストアップにならないような構造であの浮遊感を実現できました。

内部の複雑に立体的にえぐられている鉄骨のラーメン構造を実現するために、立体解析で解いていますが、軸組図を見ると、筋交いがたくさん入れられる面もあれば、スカスカな部分もある。一つひとつの面だけを見ると、どうやって成立していくのかよくわからない図になります。だから、立体でちゃんと力を伝えていけるかを解析する必要がありました。

結果、大阪中之島美術館では、仕上げのなかに構造がほとんど隠蔽されていますが、構造が内部の立体的につながっていく空間を創り出しています。隠れてもなお生きるという構造デザインです。やはり柱や梁が薄いことが大事です。隠蔽されているにしても、数センチ壁が薄いことで、しっかりと空間がつながっていく感覚や空間の透過性を無意識に感じられるところがあるので、それは実現していかないといけないだろうなと思っていました。

## ――構造屋は支え合う

私は師匠の木村俊彦先生から、知らないことはたくさんあるのだから、わからないことがあったら、必ずそのエキスパートの人に話を聞きに行きなさいと教わりました。

今回でいえば、私は免震についてはあまり詳しくないので、東畑建築事務所の構造担当の方に相談に行きました。近藤一雄さんが上町断層のエキスパートで、上町断層のために必要な解析方法などをいろいろ教えてくださいました。他にも、免震の限界を超えた場合の変形を大きなバネに衝突させてエネルギーを吸収する、衝突設計と呼ばれる構造を考えたのですが、これは免震のエキスパートである北村春幸先生に相談に行きました。こういうエキスパートの方々に支えていただきました。

以前、「構造屋さんは情報を秘密にしないのですね」と建築家から言われたことがあります。確かに、私も誰かが困っていると聞けば助けたり、お互い見張り合ったりしているような、そんな雰囲気があります。自分の設計技術や知識を秘密にするみたいなことはありません。

## ――昨今のプロポーザルについて

公共建築の選定方式にプロポーザルという言葉がつかわれ始めたときに、主催者側が逃げ腰だという印象をもちました。コンペで選んだデザイン案だから推し進めるべきだと主張されるのを避けるためとか、コストがかかりすぎる案を選んだ審査員の責任を問われないためとか、自信の無さを感じます。

最近ずっと感じているのでついでに申し上げますと、コンペやプロポーザルでのアトリエ潰しがひどすぎると思っています。原材料費が刻々と上がっていくような状況で、アトリエ系建築家が勝ったプロジェクトが工事の入札で不調になるケースが何例か続きました。コストコントロールが難航するのは、アトリエ系建築家だからだめなのだという雰囲気にされてしまっています。そんなことをしていたら、自分たちも工夫したデザインをしづらくなってしまうのに。

さらに最近はプロポーザルの参加要件がきびしくなってきて、デザインビルド[5]も増えてきました。施工者が早い段階で入るようなプロジェクトをうちでも何度かやりましたが、施工者の皆さんには申し訳ない言い方ですが、やはり与えられた予算のなかで利益を上げるためもあるのではないでしょうか。いちばんチープな仕様になっていくように感じますから、設計の質は決してよくはなりません。必要以上にローコストにされてしまって、必要以上に質が下がってしまっていることに、行政側はなぜ気がつかないのでしょうか。採用する側が責任逃れできるような選定方法が、決していい結果にはならないことを、もっと行政側は認識するべきだと思っています。

また参加要件を満たすために、複数の設計事務所が組むJV（ジョイント・ベンチャー）[6]が増えてきました。しかしデザインを決めていくプロセスに関係者が増えてしまうと、どうしても

[5] 建設事業において設計と施工を一括にして発注を行う設計・施工一括発注方式のこと。設計施工とも呼ばれる。

[6] joint ventureの略。建設業における共同企業体。参加要件を満たせないなど、1社では受注ができない大規模なプロジェクトに参加するために、複数の企業が請け負う事業組織体のこと。

解決できるか明瞭でない部分を早々に諦めることが多い。これでは魅力的な建築はできてこないでしょう。

## ——建築家の公共建築への関わり方

私は、設計者は公共建築に携わって、「ローコスト」を叫んでチープな建物をつくるのではなく、しっかりと工夫の凝らされた華やかな建築をつくってみせるべきだと思っています。税金をいかに少なくつかうかみたいなことばかりに終始せずに、チープにならないぐらいはお金をかけて、その街に暮らす人たちが嬉しくなるような、誇りをもてるような建築をつくっていくことが重要です。

行政側が困っていることの多くは議会での議論なのだろうと思いますが、安くできたかどうかでの潰し合いばかりするのではなく、そんなチープなものにするべきではないでしょうという批判の方法も確立すべきです。建築家はチームづくりがうまいので、コミュニケーションを取りデザインの方向性を調整していく、そういう環境や体制をつくることができれば、コストのコントロールだってできるでしょう。

私が携わったプロジェクトで、コスト問題をクリアしながら工夫を凝らした構造デザインを実現できたものは、今回のように建築家がリーダーシップをとって体制がうまく機能したときです。

# 要項が求めていることを、いかに純粋にかたちにするか、という戦略

大井鉄也
遠藤克彦建築研究所元スタッフ
大井鉄也建築設計事務所主宰
国士舘大学理工学部理工学科准教授

Ooi Tetsuya
Architect

## ――勝つための方法論

私は2009年に遠藤事務所に入りました。私もそうですが、経験者採用の人が多かったです。年齢的にも遠藤さんに近くて対等にやり合えるスタッフがいて、風通しのよい自由な環境でした。私は3年後に独立したので、2016年の大阪中之島美術館のコンペには直接関わっていませんが、遠藤事務所は当初よりコンペやプロポーザルに取り組んでいて、結果はともかく「勝つための方法論」がすでにできあがっていたと思います。

たった5人のアトリエ系事務所が、大阪中之島美術館のような大規模なコンペにどうして勝てたのか、当時業界がざわつきましたが、遠藤さんの仕事を見てきた私からするとそれは自然な流れでした。私はここで、遠藤さんの戦略、コンペへの取り組み方についてお話ししたいと思います。

## ――タイポロジー（類型）を徹底的に探せ

私が遠藤事務所を志望したきっかけは、軽井沢「雲場の家」（2005年竣工）の別荘建築を見て大きな刺激を受けたことです。前にいた内井建築設計事務所で私が担当していた別荘の隣に遠藤さんの「雲場の家」があったのです。同じような敷地なのですが、雰囲気も設計のアプローチも全然違いました。遠藤さんの「雲場の家」のＬＤＫには光がさんさんと差し込んでいて、外部は金属板葺きの設計なのですが、内部は石やガラスで設えられていて、光が反射する空間でした。その光のつかい方に感銘を受けました。その後、内井事務所が解散することになり、もう一度修業するつもりで、遠藤事務所に入りました。30歳でした。

2カ月間はアルバイトで雇用すると言われましたが、初日からいきなり模型づくりが始まりました。ちょうど「柏崎市新市民会館」のプロポーザルが始まったときで、当時、私はすでに社員だった若いスタッフのもとで上がってくるスタディ模型をつくっていましたが、「大井は実務経験があるのだから、アイデア出しにどんどん食い込んでこい」と言われました。若手スタッフや学生と一緒に模型台に並んで座り、マスタープランやアイデア出しをしてその後、自分の案を模型にする。模型を並べていると、遠藤さんが見に来る、これの繰り返しです。みんな自分のプランに注目してもらいたいという熱意に満ちていました。

提出期限が近くなったときに、私の模型が遠藤さんの目に留まり、垂れ下がった柱に構造や設備をインテグレートさせることはできないかと、遠藤さんからアドバイスをもらってブラッシュアップされたものが最終案になりました。結果は惜しくも佳作入選だったのですが、これにより正式に採用されました。

私たちが模型をつくり続けているところに、遠藤さんがときおりふらっと来て、「ああ、まだだね。そんなのじゃだめだね」と、そういう感じでコメントを言って去っていく。この繰り返しは、つまりは「タイポロジー（類型）」を探す過程なのです。この敷地で、この条件で、どんなものが当てはまるか、それをずっと探し求めることが重要で、腑に落ちる瞬間まで集中することを、遠藤さんは教えてくれました。

## ――コンペ準備の進め方

遠藤さんが出せるコンペを探して、毎週の定例スタッフミーティングで、「いまこのコンペがあるから、やろうと思う」といって、担当を振り分けていきます。そのときにどれが自分に振られるか、それはひとつのチャンスです。このミーティングで、担当者は自分が抱えている仕事の進捗報告はしますが、アイデア段階の報告はしません。その理由は、遠藤さんは過程より結果を重視しているので、スタッフもスタディを重ねて、「これ」というものを見せたいからです。

私が在籍していた頃のコンペの進め方ですが、担当者が最初にスケジュール表としてのロードマップをつくります。そのロードマップには、工事現場のネットワーク工程表のように、協力事務所との打ち合わせなど、いろんなものが紐付いていて、それが日にちごとに全部切られています。担当者は、基本計画や要項を熟読して、審査員や施主の情報、街の地勢や文化、歴史をも調べあげ、コンペに勝つための戦略を立て、それを遠藤さんやスタッフとで共有し、コミットさせていきます。

遠藤さんはロードマップ通りに進行されていくことと、いかに他のスタッフを巻き込めるか、つまり〝脳みそ〟をどれだけたくさん突っ込めるかが大切だと言っています。

「このコンペはこんなに面白い」と、担当者がスタッフにプレゼンして、参加する意思を確認します。それで、「案出しまではやる」とか「いまはちょっと忙しいからプランは私がやる」とか、若い人には「この時期に1週間入ってほしい」とかコミットしておいて、ロードマップにみんなを巻き込んで、自然にチームができあがっていくというのが、コンペの取り組み方でした。全員を巻き込める、コミットできる能力が重要視されていました。

自分がすでに抱えている仕事にコンペが追加され、スケジュール調整をして、スタッフも自分で集めなければならないので大変ですが、個人の実績では要項の参加条件を満たせないコンペに参加できるわけですから、与えられたチャンスをものにして、やり遂げるという意思が大切です。自分のことだけで精一杯という人は、なかなか伸びないのではないかと思います。

## ――要項の熟読、熟知から始まる

遠藤さんは「コンペには勝たないと意味がない」とよく言いました。ならば勝つための戦略をどう組み立てるか。それには、要項の熟読、熟知が絶対ということで、ダメだった場合の理由は、要項を読み切れていなかったという考え方です。遠藤さんのコンペに臨む姿勢で、私がいた時代も、そのあとのものにも通底しているのは、コンペの要項が求めていることをいかに純粋にかたちにするかということだと思います。

遠藤さんの住宅や別荘のスタディ案の模型が事務所に並んでいるのを見ると、やはりコンペやプロポーザルとは違う感じを受けます。配置や周囲に対する解答として「タイポロジー」を探し出すということは同じですが、住宅のほうは完全に解き切らないようにして、様相を見ながら決めていくというように感じました。シンプルに突き進んでいくだけではなくて、多様なやり方や、ストラテジーの立て方といいますか、そうしたことを案件ごとに真剣に考えているという感じがしました。

要項そのものがコンセプトであり、そのコンセプトに見合う建築をつくることが求められているコンペとの違いだと思います。

## ——建築家のパーソナリティへの期待

やや語弊があるかもしれませんが、アトリエ事務所はやはり建築家のパーソナリティで勝負しているところがあると思います。大阪中之島美術館で遠藤さんが選ばれたのは、遠藤さんという人柄とプランを見て、ああ、いいものができそうだ、という期待と希望がふくらんだからなのではないでしょうか。

遠藤さんは、他者への信頼が厚くて、スタッフをとても信頼しています。スタッフのモチベーションを上げながら、チームが一丸となって美術館をつくっていくという遠藤事務所への期待もあったと思います。

クライアントである行政はじめ、プロジェクトに関係する皆さんがやりたいコンセプトを建築家が具現化する思考をしっかりともっていないと、アトリエ事務所でコンペに勝つのはむずかしいと思います。遠藤さんは、そこに風穴を開けてくれたひとりです。

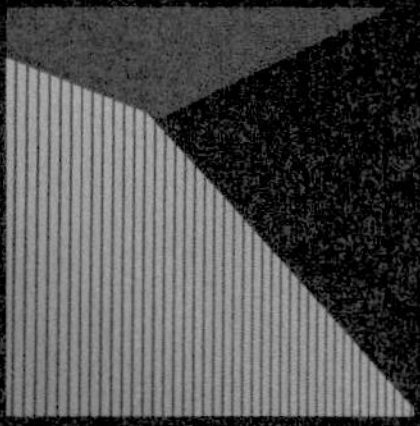

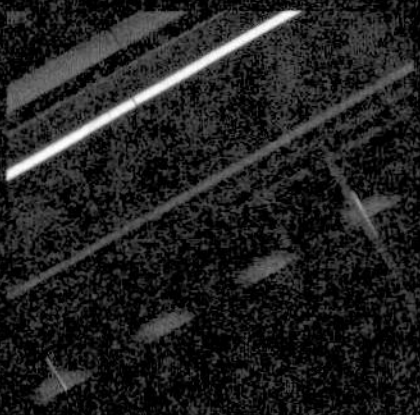

# 建物で街が変わることを実感できた貴重な体験

外崎晃洋
遠藤克彦建築研究所設計室主幹
大阪中之島美術館意匠担当主任（当時）

Tonosaki Koyo
Architect

## ——始まりは、ダメ元の記念提出

私は、遠藤克彦建築研究所に2012年に入社し、現在は設計室主幹をしています。事務所には中途採用で入ったのですが、面接を受けた日に、当時参加していたプロポーザルの打ち合わせにそのまま参加し、作業をしたことをおぼえています。大阪中之島美術館のプロジェクトがスタートしたのは2016年の8月夏でしたので、入社4年目の29歳のときでした。

2016年の8月に大阪中之島美術館のコンペが発表になりました。遠藤は独立して以来、出せるコンペやプロポーザルを探してきては、手当たり次第に出していました。大阪中之島美術館の参加条件は同規模のコンペやプロポーザルに比べるととても緩いもので、多くの設計者に開かれたものでした。ただ、当時の事務所実績として最大のものは「東京大学生産技術研究所アニヴァーサリーホール」の延床面積が約3400平米でしたから、実施要領の計画概要で総延床面積が約1万6000平米と発表された大阪中之島美術館は、われわれにとってはあまりにも大規模なプロジェクトでした。ですから正直、ダメ元の「記念提出」のような思いも少しありつつ参加しました。そのような背景もあったので、戦略に固執せず、中之島にどのような美術館をデザインすべきかをシンプルに考えたことがよい結果につながったのかもしれません。

## ――コンペ担当として

大阪中之島美術館のコンペの頃は、私は「長者丸VIEW TERRACE」という共同住宅を担当していて、その実施設計の手が離れたタイミングで加わりました。ちょうど1次審査用の設計構想提案書の提出期限の9月まで1カ月というタイミングでした。遠藤が当時教えていた学生6人くらいが夏休みにインターンシップとして事務所に来ていて、私たちは大阪中之島美術館のプランニングと模型製作を学生たちに課題としてさせながら、学生案を講評しながらプランの問題点を確認していました。私が参加した時点で、学生からは40くらいの案が出ていました。うまくいっていない案が多く、逆にそこから、これから何をすべきかが見えてきました。おかげで私が関与してから提出する最終案を決定するまでとてもスムーズでした。

## ――コンペ要項をかたちにする

パッサージュについては実施要領に書かれていましたが、解釈を含めてどうかたちにするかは提案者に委ねられていました。ですから、大阪市が求めている開かれたパブリックスペースとしてのパッサージュを、あの場所でどのようにかたちにするかということが、提案の最も重要なポイントでした。

中之島という川に挟まれたエリアとして美術品の浸水対策も重要なので、美術エリアはおのずと上層になり、美術館周辺には寄り道したくなるような場所がないので下層に広場やエントランスロビー、路面店のようなカフェやレストランをレイアウトしました。そして、これらをかたちとして統合させると、2階の外周をほぼガラス張りにし、3階以上を黒い箱のような形状にして「浮かせる」ということになりました。

「パッサージュ」は、一般的には道状の商業空間のことです。アーケードがあって、そこにショップが並んでにぎわっているのがパリのパッサージュ。美術館という機能と、フロアを積層させる構成のなかで、パッサージュをどのようにデザインするかというときに、単に美術館に道を通すのではなく、立体的に上階まで連続させ、それをヴォリュームをくり抜くという手法でデザインしたというのが今回のアイデアでした。

チリダの彫刻のようだと言われることがありますが、チリダは遠藤が昔から好きな作家です。いつもチリダ、チリダと言っています。チリダの彫刻のようにヴォリュームをくり抜くことは、遠藤がずっと好きな手法でもありました。それが今回の与条件とマッチした、ということはあると思います。

## ——2次審査への準備

提出から約1カ月後の10月下旬に結果通知があり、無事に1次審査を通過することができました。2次審査書類の提出締切は年明け早々です。この2カ月の間に何をすべきか。遠藤と相談して、設計案を練りあげる前に、まず組織体制をきちんと整えることをやりました。1次審査は、住宅も含めていつも一緒に設計をやっている協力会社を中心に構成していましたが、この体制だと2次審査では勝てないだろうと考えたのです。大阪中之島美術館のような大規模の公共建築では、組織体制も評価の対象になるので、案が評価されても最後に負けてしまうかもしれない。そこで東畑建築事務所さんへ入っていただくことで盤石な体制を整えました。

また、遠藤と一緒に原先生のところにご相談に行きました。先生からは「提案を変えるのではなく、1次で考えた自分たちの提案のよいところを伸ばし、それがまっすぐ伝わるように注力しなさい」と、アドバイスをいただきました。私は先生には初めてお目にかかったのですが、われわれにとってカリスマ的な方ですから、どんなにドラスティックなお話をされるのだろうと思っていたのですが、「誠実に説明しなさい」「論理的に説明しなさい」「何十回も練習しなさい」と、とても基本的な話を繰り返されていたのが意外で印象的でした。

私たちは先生に言われた通り、何度もプレゼンの練習を繰り返しました。何度も原稿を書き換えて、いろんな人に見てもらっていました。

最終的に、パッサージュのコンセプトをより強調するために1次提案ではあった5階のテラスが消えていますが、案として変わっているのはそのくらいで、プラン自体はほぼ変えませんでした。

## 大阪事務所の開設

提出してから約1カ月後の2月中旬に最優秀案に選ばれました。そしてすぐ4月に事務所を開設することとなり、設計スタッフは全員、大阪に異動しました。

最初は大阪に移らないといけないのかも、と漠然と思うくらいでしたが、実際に大阪市役所を含めていろいろなところに挨拶に行くと、皆さん冗談だったのかもしれないのですが「いつ大阪にくるの?」「事務所は借りたの?」と、多くの方に言われまして、遠藤も気持ちが後押しされたのでしょう。こういうことでもなければ、大阪に事務所をもつこともないので楽しみでした。大阪に来てみての最初の印象としては、業者も設計者も役所の方も全員が知り合いのような雰囲気があり、東京とは違う親密さがありました。

## コンペ案から基本設計・実施設計へ

コンペ案から基本設計へのいちばん大きい変更は、当初4階で計画していたテーマ系のコレクション展示室を5階にもってくることでした。コンペ選出の時点で、すでに変更要請のコメントが付いていて必須でした。

次に大きな変更は動線計画の変更です。1日に何千人という人が訪れるような大規模展が開催された場合、案のままでは人をさばききれないという指摘でした。なるべく来館者の導線が交錯しないように、エスカレーターの方向などを変更し対応しました。あとは変更というよりは、それぞれの場所をより深く考えていくというプロセスでした。

設計のなかで最も大変だったのは、外形が直方体の〝重箱〟のなかに、要望として新たに出てきたプラン変更や設備、構造のすべてをきれいにおさめるという、パズルのような作業です。あと100ミリ壁が外に動けばおさまるのに外側には動かせない、でもそのままだと入らない、この繰り返しをひたすらやっていたという感じです。

四角い黒い箱が浮いているという、外形の構想を変えないということは、関係者全員が共通してもっていた認識でした。ですから基本設計と実施設計は、図面を比べると、かたちは同じですが、中に詰まっている内容が細かく変更されています。

東畑さんは、大きな建物の設計経験がたくさんあるので、意匠の下支えと設備設計を協力いただき、外形そのままで中身をおさめることができました。東畑さんとは、図面も一緒に描きました。実施設計は1000枚近く描いています。意匠図で500枚なので、機械や電気、昇降機などを含めると1000枚近くになりました。

## ――現場監理事務所での日々

コンペで選出されてから約2年後の2019年2月にいよいよ着工となりました。現場内にプレハブが建てられ、その一室が監理事務所でした。大阪オフィスのスタッフは、2017年4月の移転以来、現地採用も含めて徐々に人員を増やして、この時点で12名になっていました。そのうちの美術館の現場スタッフは私を含め弊社からは4名で、毎日監理事務所に出勤して、大阪事務所に行くのは毎週月曜日のスタッフミーティングのときくらいでした。

弊社は、2017年に大阪中之島美術館のコンペに選定されてから、2018年に茨城県大子町新庁舎[1]、2019年に高知県本山町役場新庁舎、2020年に長崎県佐々町新庁舎の各プロポーザルも最優秀案に選定されました。遠藤は東京オフィスと大阪オフィスだけではなく全国を忙しく往復する日々を送りつつ、主軸は大阪に置き、現場にも毎週必ず来て、工事監理を行っていました。

監理事務所では、同じ部屋に大阪市都市整備局や東畑建築事務所の方々がいて、施工者は違う部屋でしたが、ひょいと訪ねて担当者に図面を渡したり打ち合わせをしたりして、行き来をしていました。建設に関わる一同が一緒にいるという感じでしたので、頻繁にやりとりして、毎日問題解決をして、時には口論も、という日々でした。

[1] 2018年6月の設計プロポーザルによって設計者に選定された。途中、2019年の台風第19号による水害を受け、敷地を高台へ移転。旧計画では鉄骨造を予定していたが、新敷地では純木造を採用し、地域産材を多用する計画に。2022年7月竣工、10月開庁。

2020年の4月には鉄骨建てかたが始まって、鉄骨が組みあげられていく様子を間近で見ていました。それまでは基礎工事が延々と続いていたので、建物のかたちとして見えてくると、いよいよだと気が引き締まりました。

われわれ監理チームのなかで私が主に担当していたのは、監理チームの統括と各者との折衝ごと、そして建築工事の施工図チェックバック、これが大変でした。確認する施工図が施工者から来たら確認してチェックバックしての繰り返しです。もう何枚確認したか数えきれないくらい膨大な数です。毎週、確認する施工図や施工計画書、使用材料の書類などの紙の束が20センチ厚さはありました。工期が28カ月ですから、ひと月4週として計算すると、全部で約22・4メートル高になりますか。気の遠くなるような作業が続きました。

2021年3月に外構工事が始まったときにプレハブも解体され、監理事務所は美術館内の南側、現在のワークショップルームのスペースに移りました。6月の竣工までの3カ月間そこで勤務することとなり、短い間ではありましたが、自分たちが設計した美術館の中で働くことができたのは貴重な経験でした。

## ――自分のもてる力のすべてを注いで

2017年4月に大阪に来てから、ずっとお祭り騒ぎのなかにいる気分で、竣工したときもまだまだそのなかという感覚でした。開館直前の2022年1月30日に建築内覧会があり、ご来賓をご案内して建物に入る機会はあったのですが、2月2日の開館当日に個人として美術館に行ったのです。そこで、実際に来場者が美術館に入ってきて、にぎわっている様子を見たときに、ようやく、「完成したのだ」という実感がわいてきました。

振り返ってみると、2016年の夏、中之島にはじめて敷地調査に来たときには、ビジネス街の端っこみたいな印象がありました。人もあまり歩いておらず、カフェなども少なく、立ち寄りたいと思うような場所がないと思いました。

そのような状況を変えるため、大阪中之島美術館のパッサージュとランドスケープはいろいろな方向や高さと接続していますし、いろいろな立ち寄りスポットもつくっています。1階にもショップやレストランができて、人の流れや街のにぎわいにも変化が生まれたように思います。

私は、コンペの提案の段階から担当し、選定後には意匠担当主任として基本設計から工事監理まで、5年以上携わってきました。プロジェクト進行中は日々全力でしたので、建物が完成し、新たに日常となった景色や人の動き、にぎわいを見て、ようやく自分が担当していたプロジェクトの大きさや重要さを実感しています。建物をつくることで街が変わるのだということを、大阪中之島美術館の経験で実感できたことは、大変貴重な体験となりました。

建築が発揮できるであろう性質は、
アリストテレスの時代から
変わっていない
こういう基本的な
建築のもっている性質を
うまく活かすことが重要なのです

Hara Hiroshi
Architect

原広司
建築家

1936年神奈川県川崎市生まれ。1959年東京大学工学部建築学科卒業、同大学大学院修了。82年東京大学生産技術研究所教授。97年東京大学を退官、同年東京大学名誉教授。2001年ウルグアイ国立大学Profesor Ad Honorem。70年よりアトリエ・ファイ建築研究所と協同で設計活動開始。主な著作に『集落への旅』(岩波新書)、『WALLPAPERS』(現代企画室)、『YET HIROSHI HARA』(TOTO出版)等。

——建築の公共性についてうかがいたいのですが、それは時代によって変化するのでしょうか

基本的には変わらないと思いますが、あきらかに日本が衰退、しいていえば自滅しようとしていますね。「自滅機械」って知っていますか？　ジャン・ティンゲリー[1]という彫刻家の作品の動く彫刻で、正式な作品名は《ニューヨーク讃歌》といいます。主催者から、「ニューヨークを讃歌する」というテーマで依頼を受けて制作したのですが、最後には火が出たり煙が出たりして、機械が壊れる過程をみせました。そもそも生物学的には「自滅」という概念はないなかで、ティンゲリーは、ニューヨークの繁栄に華を添える作品を依頼されながら、つくったのは自滅していく機械でした。

ご存知のように、日本はいま経済的にもひどい状態にありながら、誰も手を打とうとしない。ぼくらが活動していた1990年代は、バブル時代の建築が終わろうとしていた頃でした。海外の人たちは冷静に見ていましたが、日本の人は気づいていなかった。いろんな産業をだめにして、これからの日本は真っ暗。

日本が自滅するのではないかという見方は、過去にも何度もされています。鎌倉時代には、道元が中国との比較から日本はどうしようもないといっていたし、1900年のはじめには夏目漱石が同じようなことを感じていた。それから120年くらい経って、いまの日本は手の打ちようもない。いろんな知的活動がだめになってきている。経済的な水準も、2050年くらいには

[1] スイスの現代美術家、彫刻家（1925〜1991年）。家電や機械の廃棄物を利用して動く彫刻を制作する、キネティック・アートの代表的作家。1960年にニューヨーク近代美術館で開催された展覧会で、最後に自ら炎上して崩壊する巨大な機械作品『ニューヨーク讃歌』を出展した。

世界で200位くらいになるといわれています。

そうしたなかで、皆が「公共性」というけれど、建築もそうだけど、そんなこと問題なのかというくらいに、ピンチなわけですが、みんなテレビでお笑いを見てゲラゲラ笑っているわけです。自分たちの人生が終わるまでは、何も起こらないだろうと思っているのでしょう。それが現実。こうした状況における「公共性」を考えると、建築の人たちはそもそも世界のことをよくわかっていないし、日本の建築の知的水準は、非常に低いとぼくは思っています。

公共性の歴史を振り返ると、ドイツの社会学者であるユルゲン・ハーバーマス[2]は、「日常生活」という概念を大事にして、会話をしてわかり合おう、それで民主主義を復活させようと試みた。そのときの「公共性」は、非常にわかりやすいところにあるわけです。もともとハーバーマスはフランクフルト学派の系譜にあって、1980年代から90年代に活躍したのですが、ぼくの単純な理解で判断するなら、公共性は重要なのだけど、そんなに簡単に公共性なんて勝ち得ないはずなのです。

建築家には、設計するときに公共的な立場に立てるのではないかという考えがありますが、およそいまの建築の世界を見ていると、公共的な立場に立てる人はいないと思います。なぜかというと、せいぜいハーバーマスのいう程度の公共性しか理解していないからです。

基本的な条件として、建物の耐久性が高いとか安全性が高いということも、公共性として考えられるし、そうした性能は計量できるからわかりやすいですが、本質的な公共性というのはもっ

[2] ドイツの社会学者、哲学者（1929年〜）。批判理論によって啓蒙主義を批判する社会理論や哲学を研究したフランクフルト学派の第2世代。公共性論、コミュニケーション論で知られる。

とむずかしいもののはずです。話し合って得られるようなイージーなものではないです。だから、みんなにつかわれるというように、たとえば公共性をテレビの視聴率のように考えると、最悪なわけです。世の中の知的レベルで、公共性を視聴率と同じようにとらえるから問題なのです。

動物的、本能的に、人間が生きている社会では、知的活動は意味をなさないわけだし、日本が現在そうした状態になっていることが恐ろしい。みんなそう思っていても、どうにもならない。大学はますますだめになっていきますし、そうした状態において、話し合って公共性ができるような、単純な話ではない。都市の全体が公共的にできているかということから考えれば、いまは最悪なのではないかと思います。

こうした状況を改善するためには、救世主のようなかたちで出てくるのか、さらに混乱させるかたちで出てくるのか、いろんな人の態度があるけれど、いずれにしても反公共的でしょう。

アメリカにおける公共性は日本よりは先にいっていると思うけれど、建築には何も期待していないし、建築では全然新しいものをつくれていない。

いまお話ししたような、世の中が「自滅機械」的状態にあるときに公共建築はどのようにあるべきなのか、ととらえるべきであって、それはわれわれの時代における公共性との違いだと思います。

「自滅機械」的状況において公共性をどう勝ち得るかと考えれば、人々が覚醒するような行為が必要なんじゃないかとぼくは思います。

日本のためにではなく、世界のために建物を建てている、という意識に立たないと、意味が人々に伝わらない。仮にいい建築ができたとしても、人々に伝わらない。それが今日の状態だから、むしろいまは公共性なんていわないほうがいいのではないか、という気がします。いい状態であれば公共性はいい状態だと思いますが、悪い状態のときはどうなのだろうか。それ自体が広い領域を対象にするわけで、非常に協調的なわけです。どんな建物でも、そのときに、意識を喚起させる、正常に戻すというか。

フランクフルト学派は啓蒙学派といわれるのだけれど、啓蒙しなければいけない、と心ある人は思いますよね。けれど、啓蒙しようとする人もまた汚染されているから、自分の判断が正しいかすらわからないわけです。

世の中は矛盾だらけで、そうしたカオス的な状態で生きていると思えば、驚くことではない。だからこそ、出来事として見ると、人々を覚醒する、呼び起こすような建築をつくる必要があるのではないかと思います。

――**遠藤** **何かきっかけのようなものでしょうか**

忠告、でもいいですね。そのようなものを喚起できるものがいいけれど、いまはできないのではないかとも思います。いま世の中はクレイジーで、選挙となるとポピュリズムだし、そもそも多数決っていうのがおかしい。いかにも民主主義的に見えるけれど、変な方法だと思います。1933年にヒトラーがドイツの首相になった選挙も多数決ですが、信じられない結果なわけです。やがて600万人を殺す人を選ぶ選挙がなぜ起こるのか。

「自滅機械」は、そうしたものを踏まえてつくられていると思うのです。マジョリティが正しいという保証は何もない。そういう人々に対して送るメッセージは、相当気をつけなければいけない。「正しい公共性」をいま誰が理解できるのか。自分のいうことが正しいかどうかさえわからないほど混乱している状態にあっても、建築の力、建築するという行為は、昔から今日にいたるまで非常に重要なわけです。その重要さをとらえたうえで、「自滅機械」的状態において、どうしたらいいかを考える必要がある。皆が「公共性」というけど、気をつけないといけない。

**――遠藤　「公共性」という言葉に隠されている、その危機感に気がつかないほうに問題があるということでしょうか**

そう、だから「公共性」といわないほうがいい。違った言葉のほうがいいと思うけれど、つかうにしても気をつけたほうがいい。「時代によって建築の公共性が変化するのか」という最初の質問に戻れば、いまから30年前は、日本の経済力がまだ高くて、みんな冴えていた。ぼくらの先輩にあたる人たちも、先が見えていた。だけどいまは誰も見えていない。見ようともしない。そうした状態では、おしなべて建築がこうあるべきだということはない。一人ひとりの戦略で切り開くしかないでしょう。

とかくみんなが「公共性」というからね。ハーバーマスはドイツにいて、自分たちがユダヤ人を殺してきたという思いがあるから、おとなしく静かにいうしかない。メルケル前首相も賢明だったと思うけど、おとなしくしている。考えていることもあるだろうけど、あまり動かない。あんまりいえないのです。でもいつかは覚醒するはずです。そんなに遠くないうちに世の中はもっとひどい状態になるだろうから、誰か出てくるよね。そのときになったら、この状況のなかでこの建築ができて、こう考えていたんだ、ということをそれぞれに評価してもらえるように、いまはおとなしく振る舞うほうがいい。あまりハーバーマス経由の公共性に乗らないほうがいい、というのがぼくの基本的な考え方です。

## ――大阪中之島美術館の印象について

いい建築だとは思うけれど、人々を喚起させられるような建築かどうかは、冷静にとらえないといけない。これはすごい建築だといっても、その判断が間違えていたら、ということを留保した態度を取っていないといけない。

「新奇な建築」は、ぼくらの時代でかなり実現しました。ぼくは「均質空間」[3]を批判するとい

[3] 近代建築の巨匠ミース・ファン・デル・ローエ(1886〜1969年)が提唱したモダニズム建築の理念のひとつ。床と天井、最小限の柱と壁で構成され、用途を限定せずに自由につかえる空間を指す。「ユニヴァーサル・スペース」ともいう。

う態度で建築を始めたのだけど、それは今日の環境論をかなり含んでいたといまとなっては思います。環境論は建築の均質空間を打破するのだと。いい換えれば、「公共性とはエコロジー」といえる。

仮に、異常気象に言及するような、環境論的な建築に徹しているという言い方は、それは本来の公共性のひとつの代替案になっているような気がする。それをみんないうけれど、全体的に見ればできていない。運動する、旗を振って新しい方向に大衆を導こうとすることを、建築家はできないのではないかと感じている。

そうしたなかで、大阪中之島美術館は、ある種の良識と冷静さを保持することができたのではないかと思います。これも、大阪の開発が終わるとよくわかると思います。

どういう建物ができるかもある程度予測できるし、希望がない。資本主義の力には救いがない。ただそのときに、建築は生きるために必要とされるわけで、そこに昔から知的な部分が保たれ、影響力を発揮できるはずです。だから、そこに社会がどうのこうのは関係なくて、自分の思う知的な行為を貫徹することがいちばんいいのではないかとも思います。

それが公共性なのかはわからないけれど、根本的に建築や都市は人に対して影響力をもつわけだから、そのとき正しいと思われる判断を貫いていくことがいちばんいいでしょう。

ぼくが生きてきたこの80年、建築を始めて50年で、かなり社会は変わりました。革命的に変わったのは情報科学技術の変化だろうけど、それにともないいろいろなものが変わった。

しかし、建築が発揮できるであろう性質は、アリストテレスの時代から今日にいたるまで変わっていないと思う。アリストテレスの言葉を読むときに、「建築」が出てくるといまでも非常に緊張します。アリストテレスがこんなにも建築を大事にしてくれていたのだと思うと、しっかりと生きなくてはいけないと思います。こういう基本的な建築のもっている性質をうまく生かすことが重要なのではないかと思います。

公共建築をつくろうとするなら、体験する機会を、透明にものごとをわかる人たちが時代を取り戻すときのためにつくっておくことが大切でしょう。本当はいまできればいいけれど、およそそうした状況でないから、時を待つほうがいい。そうすれば、「自滅しない建築」をつくることができるのではないでしょうか。しかしいまは、そうした目標とする建築をみんながわからなくなっているので、その意味でも、大阪中之島美術館はよくできている。ハーバーマス由来の公共性をいうのなら間違っていると思いますが。

建築を、みんながいうような公共性に依拠してつくっても、いいものができるとは思えない。それなら、環境論的、地球を維持するという立場での公共性のほうが絶対に正しい。

**——時を待つとはどういうことでしょうか**

それは、ぼくが世界各地の集落調査[4]を行った経験からです。何百年も前に集落をつくった

[4] 1970年代に東京大学原広司研究室が世界各国の集落を対象に行った調査。原広司の著書『集落への旅』(岩波新書)、『住居集合論』(鹿島出版会)、『集落の教え100』(彰国社)などで報告されている。

人たちは、まさかのちに調査されることになるなんて到底思っていないわけですが、調査にあたると、われわれが思いもよらないような精神性が建築として現れている。この体験を通じて、建築として残っている、残っていなくても絵や写真を見ることで、こうした時代があったのだと伝わる、ということはほぼ確信しています。

建築においては、人間には身体性・個体性があって、コルビュジエのモデュロールなどでも説明されてきました。他方で「意識」に注意しなければいけないと議論されて、その後コンピュータが出てくる。それ以降、人間の意識はコンピュータが説明してくれるようになりました。あなたの意識はこうなっているとコンピュータが説明してくれる。だから次は、人間の意識はどうなっているのかということを、建築的に表現しなければいけないのかもしれない。

20世紀後半から、そうしたことをいろんな人が考え始めました。意識と建築の関係性と、さきほどの公共性の話がどう結びつくか。「意識」は重要で、時間的な認識もそれぞれ違います。ぼくがますます確信しているのは、意識には個体性がはっきりしていないから、たとえばぼくは0.000……1パーセントはアリストテレスで構成されているわけです。意識は他人の合成なのです。人間が他人の合成であるということは、いずれ生まれてくる人たちにも、ぼくたちの意識が遺伝子のように残っていく。何千年後にも地球がまだあれば、そのときどきにいまの人たちの意識が残っている。そうして意識は遺伝する、生成されるのです。

## ——遠藤　集合知ということでしょうか

もちろん集合、統一された意識もあるはずだし、これからの意思決定の重要な問題のひとつだとも思う。でもそれとは別に、これまでの影響力の強い人の意識は、ぼくと別人だとは絶対にいえない。伝わっていく性質があるはずです。

チョムスキー[5]的にいえば、「generative＝生成的」な性質があるはず。ぼくはどちらかというと「inductive＝誘導的、帰納的」という言葉をつかっているけれど、それを言語学的にいえば「generative」になります。意識現象に注目すれば、人間は死なないわけです。アリストテレスはぼくにとっては生きていて、ぼくの部分になっている。

地球を大事にしようということは、そういうことだと思うのです。知の世界が遺伝して、生成される。そのなかでわたくしは残る、そうした建築をつくれたらいいと思う。

「公共的な建築」をつくるというのではなく、「generativeな建築」をつくるといったほうが、力をもっているかもしれない。どういう考え方をしても、必ずどこかの誰かの考えの展開になる。そうした連続性、ディスクリート（discrete＝分散的）な個体性とは全く違った時代になってきたと感じる。それに対して建築的な方法を模索できれば、たとえ公共的といわなくても、自滅しようとしている状況を超えていく力で建築をつくることができると思うのです。

情報という概念が出てきてから、本来建築は私的なものになっているはずだと思う。建築がこ

[5] アメリカの哲学者、言語学者（1928年〜）。構造主義言語学の限界を指摘し、ゼリッグ・ハリス（1909〜1992年）の提唱した「変形」概念を基礎に自身の「生成文法理論」を展開した。

とば、出来事、情報としてあるときに、力がある。多くの場合は諦めるわけだけど、集落のように残っていると伝わることがある。そうしたことに確信があるかどうかです。

形而上学的かということは、根源的だということで、組織や社会がどうあろうと、超えていける力なのではないかと思います。ポピュリズムや植民地主義がはびこるなかで、根源的な力はどこに位置するのか。資本主義を助けることになるかもしれないけれど、そうした問題を超えて、もっと重要な問題を扱っていて、それを伝えること、つくることが重要なのです。建築が形而上学的な問題に深く関与していると確信しているかどうか。それを主張し、表現する。そうすれば、発見者は必ずいる、これが重要です。伝える人がいないといけない。

――**遠藤** **現代の建築家がやるべきことは、そうしたことを確信することでしょうか**

確信して、確信を表現することができるように努力することでしょうね。

――**遠藤** **建築家は発見者にもなりえるのでしょうか**

発見者なのだよ。発見者だけに意味があるのです。神知学という考え方がありますが、神をいかに知るかと探求し、神を知っていくと、わたくしは神である、という思想にいたります。意識はそのことに近いように思います。そうやって持続しなければならない。人間は意識的存在でもあるから、意識の伝達可能性、記録可能性に頼れるような内容を建築がもたなければいけない。それを確信するかどうかが大事だと思います。

A3
A3

A4
SHIP'S CAT

TERRACE on the

2020年4月、地上部の鉄骨建方《たてかた》が始まった

020年7月、建設工事中の様子。吹き抜けなどを支えるX型の鉄骨ブレースが見える

大阪中之島美術館1/50サイズ模型。ヤノベケンジ作《SHIP'S CAT(Muse)》の設置位置の検討を行う

2022年2月2日、美術館開館。北東側エントランスより建物を望む。

4階パッサージュ。
ヤノベケンジ作《ジャイアント・トらやん》が
移動中の来場者を出迎える

芝生広場と北側の外観。芝生広場は近隣の憩いの空間となっている

南北に延びる1階パッサージュ。
右手上部に見えるボックスは2階のチケットカウンター

2階から4階へ吹き抜ける大空間に、2本のエスカレーターが“交錯”する

5階パッサージュ。中之島の景色を望むことが可能

大階段が東西に交錯する1階から2階へのアクセス

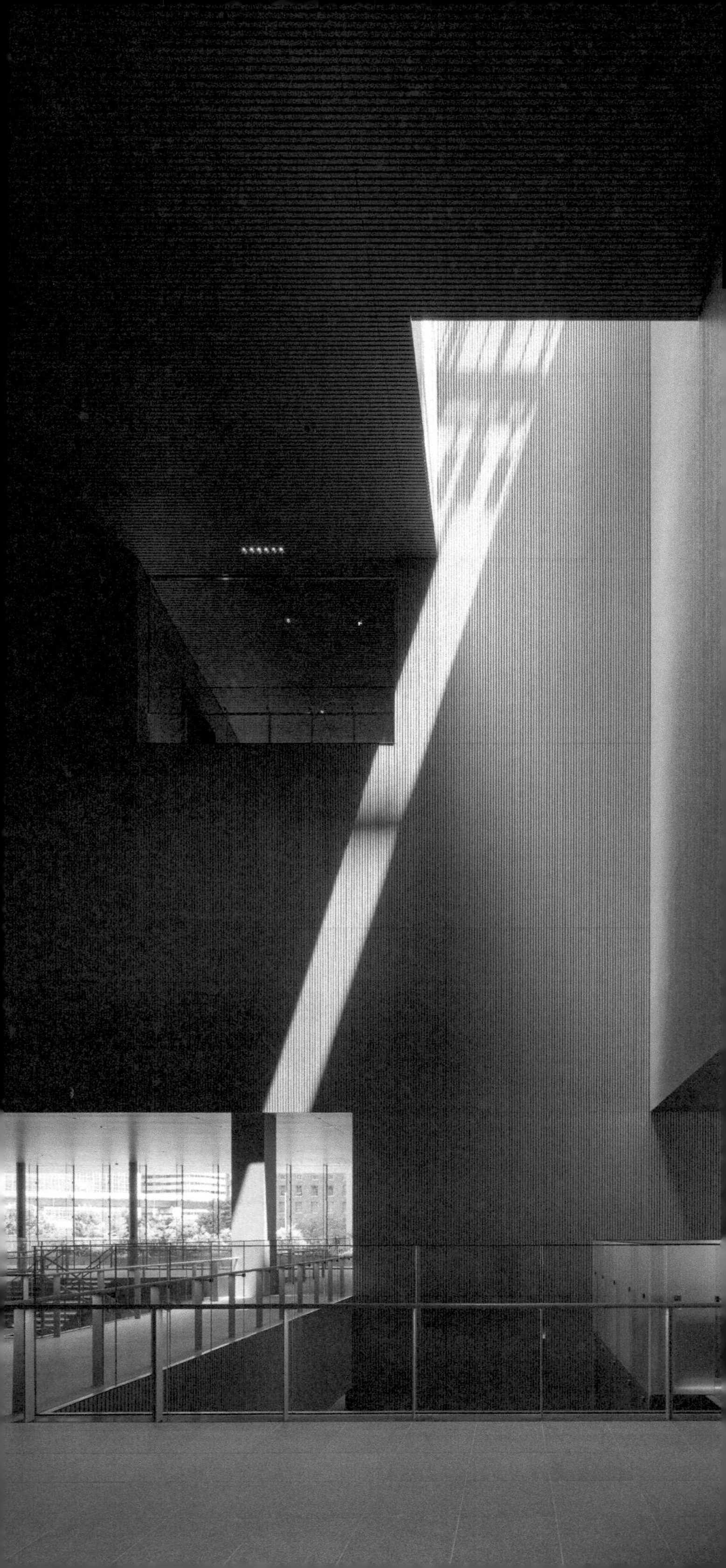

2階パッサージュより吹き抜け空間を望む。
吹き抜けの天井高は、1階床から5階天井まで、30.9メートル

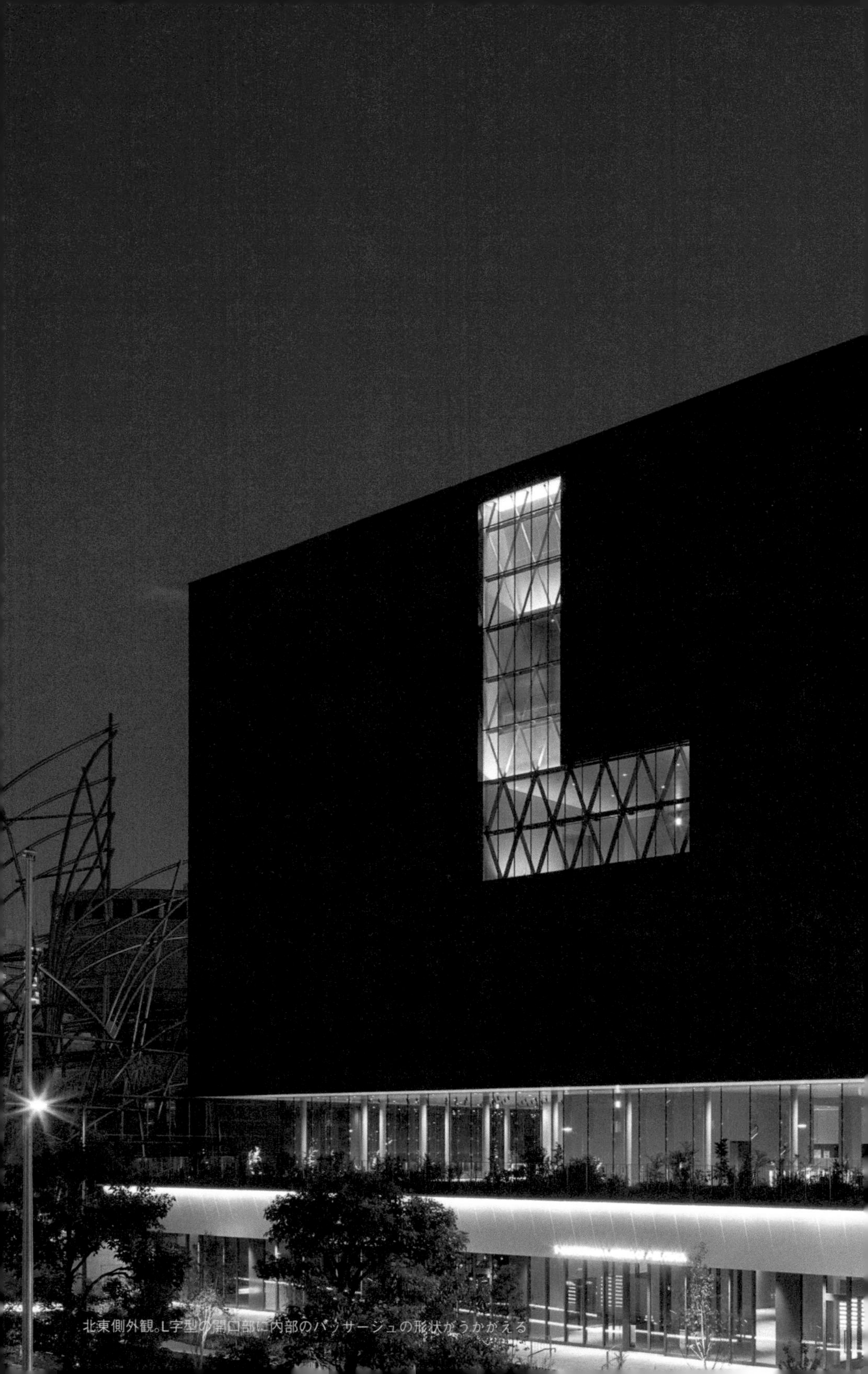

北東側外観。L字型の開口部に内部のパッサージュの形状がうかがえる

# （仮称）大阪新美術館公募型設計競技 実施要領

平成 28 年 8 月　大阪市

## 目次

ページ

第１　趣旨　・・・・・・・・・・・　1

第２　設計競技の概要　・・・・・・・・・・・　3
１　名称
２　主催者
３　審査方法
４　主なスケジュール
５　審査会議
６　事務局

第３　本競技に参加する者に対する必要な資格及び制限　・・・・・・・・・・・　4
１　参加資格
２　参加に対する制限

第４　手続き　・・・・・・・・・・・　6
１　実施要領の交付及び参加表明
２　第１次審査について
３　第２次審査について

第５　その他　・・・・・・・・・・・　13
１　使用する言語、通貨及び単位
２　提出書類の取扱い
３　設計業務の契約について
４　無効となる提出書類
５　失格となる事項
６　その他

第６　Summary　・・・・・・・・・・・　15

様式　・・・・・・・・・・・　16

別紙１　計画条件 ・・・・・・・・・・・ 25
参考資料１「附近見取図」
参考資料２「敷地図」
参考資料３「道路の埋設管状況」
参考資料４「計画敷地の現況図及び周辺写真」
参考資料５「歩行者デッキ（中之島３丁目側）」
参考資料６「敷地縦断図」
参考資料７「高低測量図」
参考資料８「地積測量図」
参考資料９「埋蔵文化財（船入遺構）」
参考資料 10「想定される地下埋設物」
参考資料 11「地質調査結果」

別紙２　各室諸元表 ・・・・・・・・・・・ 43

別紙３　主要室について ・・・・・・・・・・・ 46

別紙４　工事概算書【作成例】 ・・・・・・・・・・・ 47

別紙５　工事工程表【作成例】 ・・・・・・・・・・・ 48

別紙６　建築設計業務委託契約書（案） ・・・・・・・・・・・ 49

# 第1　趣旨

## □設計競技の趣旨

大阪市は、佐伯祐三や吉原治良に代表される大阪が育んだ作家の作品をはじめとして、19世紀後半から今日に至る日本と西洋の近現代美術作品を中心に 4,900 点を超えるコレクションを所蔵しています。その中には、市民をはじめとした皆様からご寄贈いただいた作品も多く、これらの貴重なコレクションを鑑賞いただく機会を提供することは、作品を所蔵する大阪市としての重要な使命です。平成 26 年 9 月には『新美術館整備方針』を策定し、新しい美術館を北区中之島に整備することとしました。

新美術館の建設予定地の位置する中之島は、古くから大阪の経済や文化の中心地であり、国立国際美術館や市立科学館をはじめとした文化集客施設や、中央公会堂や中之島図書館に代表される歴史的建築物が数多く立地しています。大阪府市で策定した『大阪都市魅力創造戦略』においても中之島を文化芸術の重点地域に位置づけ、エリアのブランド化を図ることとしており、新美術館はその中心的な役割を果たしていく施設として、中之島の新たな賑わいの創出に寄与していくことが求められています。

一方、少子高齢化やグローバル化、情報化の進展、ライフスタイルの多様化など、社会経済情勢は大きく変化しています。また、本格的な人口減少社会が到来するなか、豊かな社会を将来にわたって実現するため、現役世代の活力を生み出していくことが重要となっています。さらに、美術館は多くの来館者の安全性を確保することはもとより、貴重な美術品を保存・継承する責任があり、災害時には公共建築として地域の防災力向上の役割も期待されることから、安全安心に対する十分な配慮が求められています。加えて、環境への配慮など持続可能な社会に貢献していくことも重要となっています。こうした点を踏まえて、将来社会を展望し次の世代につながる先見性を有した建築を創造していく必要があると考えられます。

本設計競技は、広く市民から愛されるとともに、国内外からも注目を集め、新たな文化観光拠点として大阪の都市格向上に貢献する美術館の整備をめざして、創造性に富んだ積極的な提案を期待し、実施するものです。

## □新美術館のめざすべき姿

『新美術館整備方針』に掲げられたコンセプトを踏まえ、本設計競技では“新美術館のめざすべき姿”として以下の内容を設定します。

**○佐伯祐三や吉原治良に代表される大阪が育んだ作家の作品を中心とした第一級のコレクションを活かし、国内トップクラスのミュージアムをめざす**

第一級のコレクションの魅力を引き出すのはもちろんのこと、海外美術館によるコレクション展などの国際的な展覧会が常時開催され、海外からも多くの観光客が訪れるような、国内外からも注目を集め世界に誇れる美術館をめざします。

**○「大阪と世界の近現代美術」をテーマとしたミュージアムとして、市立美術館や東洋陶磁美術館にはない、新たな魅力を創造する**

日本・アジアの古美術を展示する市立美術館や、中国・朝鮮陶磁や関連作品を展示する東洋陶磁美術館とともに大阪の文化振興の一翼を担うことになる新美術館は、その豊富な近現代美術コレクションを活用した芸術体験の提供やアーカイブを活用した情報発信、創造性に富んだ建築デザイン等により、新たな魅力を創出するとともにこれまでにない独自性を有した先進的な美術館をめざします。

**○歴史的にも文化的にも豊かな蓄積をもつ中之島を拠点として、文化の振興や都市の魅力向上に貢献する**

美術館に対するイメージを刷新するような魅力的なサービス施設やオープン空間を備えるなど、美術ファンに留まることなく、様々なライフスタイルをもった幅広い世代の人がアートに気軽に出会え楽しむことのできる施設を実現するとともに、周辺施設との連携や都市景観の形成についても意識することで、大阪を代表するエリアである中之島から賑わいにあふれたまちづくりを主導し、大阪の都市格向上に貢献する美術館をめざします。

**○民間の知恵を最大限活用しながら、顧客目線を重視し利用者サービスに優れたミュージアムとする**

新美術館の運営は、民間の創意工夫を積極的に活用するため、PFI 手法を導入する方針となっている。来館者や、展覧会の企画や運営を担う学芸員、さらには施設の管理運営を担う事業者にとって、利用しやすく機能性に優れ、将来に渡り質の高い公共建築として利活用される美術館をめざします。

## 第２　設計競技の概要

### １　名称

（仮称）大阪新美術館公募型設計競技（以下「本競技」という。）

### ２　主催者

大阪市（以下「本市」という。）

### ３　審査方法

審査は、第１次審査及び第２次審査の２段階審査方式で行います。

第１次審査では、設計構想提案書（８ページ参照）を基に、学識経験者で構成する（仮称）大阪新美術館公募型設計競技審査評価会議（以下、「審査会議」という。）において第２次審査参加者を５者程度選定します。

第２次審査では、設計提案書（９ページ参照）の提出を求め、さらに審査会議において参加者による公開プレゼンテーション、審査会議委員（以下、「委員」という。）による公開ヒアリングを行ったうえで、最優秀案及び次点案を選定します。

### ４　主なスケジュール

| | |
|---|---|
| 事務局における実施要領の交付期間 | 平成28年８月５日（金）<br>～平成28年８月17日（水） |
| 質問の受付期間 | 平成28年８月８日（月）<br>～平成28年８月17日（水） |
| 質問に対する回答 | 平成28年８月29日（月） |
| 参加表明書の受付期間 | 平成28年８月29日（月）<br>～平成28年９月２日（金） |
| 第１次審査書類（設計構想提案書）の受付期間 | 平成28年９月23日（金）<br>～平成28年９月30日（金） |
| 第１次審査 | 平成28年10月中旬 |
| 第１次審査結果通知 | 平成28年10月下旬 |
| 第２次審査書類（設計提案書）の受付期間 | 平成29年１月６日（金）<br>～平成29年１月16日（月） |
| 第２次審査 | 平成29年１月下旬<br>～平成29年２月上旬 |
| 第２次審査結果通知及び公表 | 平成29年２月中旬 |

## 5　審査会議

次に掲げる委員により構成する。

| 氏　名 | | 所属・役職等 | 専門分野 |
|---|---|---|---|
| 委員長 | 山梨　俊夫 | 国立国際美術館館長 | 美術 |
| 委員 | 逢坂　恵理子 | 横浜美術館館長 | 美術 |
| | 嘉名　光市 | 大阪市立大学大学院工学研究科准教授 | 都市計画 |
| | 岸　和郎 | 京都造形芸術大学大学院芸術研究科教授 | 建築 |
| | 相良　和伸 | 大阪大学大学院工学研究科教授 | 建築 |
| | 髙田　光雄 | 京都大学大学院工学研究科教授 | 建築 |
| (五十音順) | 竹山　聖 | 京都大学大学院工学研究科教授 | 建築 |

## 6　事務局

大阪市都市整備局公共建築部企画設計課

〒530-8201 大阪市北区中之島1-3-20　市役所本庁舎６階

# 第３　本競技に参加する者に対する必要な資格及び制限

## 1　参加資格

本競技に参加する者（以下、「参加者」という。）は、次に掲げる要件を全て満たさなければなりません。

(1) 建築士法（昭和25年法律第202号）第23条第１項の規定による登録を受けた一級建築士事務所であること。

(2) 参加表明書提出時において、大阪市競争入札参加停止措置要綱に基づく停止措置を受けていないこと。

(3) 参加表明書提出時において府税、市税、消費税及び地方消費税を滞納していないこと。

(4) 地方自治法施行令（昭和22年政令第16号）第167条の4 の規定に該当しないこと。

(5) 大阪市契約関係暴力団排除措置要綱に基づく入札等除外措置を受けていないこと及び同要綱別表に掲げるいずれの措置要件にも該当しないこと。

(6) 延床面積2,000㎡以上の施設の新増築（増築にあっては、増築部分の面積）にかかる設計業務の実績があること。（平成28年7月31日までに、設計業務が完了している実績に限る。）

(7) 建築士法第２条に規定する一級建築士を、管理技術者として設計業務に配置することができること。

(8)　２つ以上の事業者が共同事業体を結成して申請する場合は、上記(2)から(5)の条件を満たす事業者同士の場合とし、かつ、以下の要件も満たさなければならない。

ア　構成員は、共同事業体の代表者を決め、代表者は、全体の意思決定、管理運営等に全ての責任を持つこと。

イ　共同事業体の代表者は、建築士法の規定による登録を受けた一級建築士事務所であること。また、上記(6)の実績を有していること。ただし、(7)に規定する管理技術者については、共同事業体の代表者または構成員から配置できる。

ウ　参加表明以後における、代表者及び構成員の変更は原則として認めない。

エ　代表者とならない構成員にあっては、代表者に代表権を委任する旨が記載されている共同事業体届出書兼委任状【様式５】を提出すること。

オ　参加表明時に共同事業体の協定書の写しを併せて提出すること。なお、協定書には、構成員の役割分担及び活動割合が詳細かつ明確に記載されていること。

カ　単独で参加した事業者は、共同事業体の構成員となることはできない。

キ　各構成員は、複数の共同事業体の構成員となることはできない。

(9) 海外から参加する者が単体事業者として参加する場合または共同事業体の代表者となる場合には、設計提案書の提出期限までに、建築士法の規定による一級建築士事務所の登録を受けていること。

## 2　参加に対する制限

(1) 参加は１者につき１点のみとします。

(2) 参加者は、意匠、構造、電気設備、機械設備、積算の業務を別途設計事務所に協力者（※）として依頼し、体制を組むことができます。

※「協力者」とは：上記業務の技術の提供等を依頼する場合の事業者のこと。ただし、協力者は参加者として本競技に参加することはできません。

(3) 次に掲げる者は、本競技の参加者となることはできません。

ア　委員またはその家族が主宰し、あるいは役員または顧問をしている者

イ　平成27年度『新しい美術館要求水準書作成検討業務委託（その２）』の受託者

(4) 参加者は、次に掲げる者から直接または間接に支援を受けることはできません。

ア　委員

イ　大学に所属している委員の研究室に現に所属している者

ウ　委員の所属している設計事務所に現に所属している者

## 第４　手続き

### １　実施要領の交付及び参加表明

(1) 実施要領の交付

ア　交付場所

(ｱ) 本市ホームページ上

（ http://www.city.osaka.lg.jp/toshiseibi/page/0000364592.html ）

(ｲ) 事務局（４ページ参照）にて、無償で実施要領の印刷物を交付します。ただし、CD等によるデータの交付は行いません。

イ　交付期間

(ｱ) 上記ア(ｱ)にあっては、平成28年８月５日（金）以降

(ｲ) 上記ア(ｲ)にあっては、平成28年８月５日（金）～平成28年８月17日（水）（本市の休日を除く。）

ウ　交付時間

上記ア(ｲ)にあっては、午前９時から正午まで及び午後１時から午後５時まで

(2) 質問の受付及び回答

ア　質問は、質問書【様式１】により、電子メールまたはファックスにて事務局に提出してください。ただし、ファックスにて提出する場合は、送付後に事務局まで電話をし、質問書の到着の有無を確認してください。

イ　受付期間

平成28年８月８日（月）～平成28年８月17日（水）午後５時まで

ただし、ファックスの受付時間は、午前９時から午後５時までの間とします。

ウ　質問に対する回答

平成 28 年８月 29 日（月）、本市ホームページ（「第４、１、(1)、ア、(ｱ)」に同じ）に一括して掲示する予定です。

(3) 参加表明書の受付

ア　受付場所

事務局（４ページ参照）

イ　受付期間

平成28年８月29日（月）～平成28年９月２日（金）

ウ　受付時間

受付期間中の午前９時から正午まで及び午後１時から午後５時まで

エ　提出方法

持参、郵送または託送によるものとします。ただし、郵送または託送による場合は、平成28年９月２日（金）午後５時までに必着となるよう指定して送付してください。なお、発送及び到着の記録が残る対応を必須とします。

オ　提出書類及び提出部数

| 提出書類 | 様式等 | | 提出部数 | 備考 |
|---|---|---|---|---|
| | 単体事業者の場合 | 共同事業体の場合 | | |
| 参加表明書 | 様式２－１ | 様式２－２ | １部 | |
| 設計実績説明書 | 様式３ | | １部 | |
| 協力者通知書 | 様式４ | | １部 | 協力者がいる場合のみ提出 |
| 共同事業体届出書兼委任状 | | 様式５ | １部 | |
| 共同事業体の協定書の写し | | ※**1** | １部 | |
| 建築士事務所登録通知書の写し | ※**2** | | １部 | 共同事業体の場合は代表者のみ提出 |
| 管理技術者の一級建築士資格証明書の写し | ※**3** | | １部 | |
| 納税証明書<br>※大阪市の入札参加有資格者（建設ｺﾝｻﾙﾀﾝﾄ）として登録している者は不要 | ※**4** | | １部 | 共同事業体の場合は構成員ごとに提出 |
| 公募型設計競技参加表明にかかる誓約書 | 様式６ | | １部 | 共同事業体の場合は構成員ごとに提出 |

※**1**：共同事業体の協定書（任意の様式）の写しをとったもの

※**2**：建築士事務所登録通知書の写しをとったもの

※**3**：一級建築士資格証明書の写しをとったもの

※**4**：「第４、１、⑶、カ、⑷納税証明書」を参照

カ　作成にあたっての留意事項

⑺　設計実績説明書　【様式３】

「第３、１　参加資格、⑹」に求める実績を１件記載してください。共同事業体にあっては、代表者の実績を記載してください。

⑷　納税証明書

府税、市税、消費税及び地方消費税に未納がないことを証する納税証明書（共同事業体にあっては構成員ごととする）を提出してください（府税、市税については全税目の未納がないことが確認できるものとし、消費税及び地方消費税については納税証明その３とします）。ただし、事業所が複数箇所ある場合または大阪市に事業所がない場合は、契約を締結する事務所を所管する都道府県及び市区町村で発行された証明書を提出してください。

なお、大阪市入札参加有資格者として登録している者及び公告日時点において、

日本に事務所を所有していない海外からの参加者については、提出の必要はありません。

(4) 参加資格を有している旨の結果の送付

参加表明書を審査し、参加資格を有していることを確認した事業者については、第1次審査参加者として設計構想提案書の提出要請及び本競技登録番号を通知します。

また、参加資格を有していなかった者に対しては、その旨を書面により通知します。

## 2 第1次審査について

(1) 設計構想提案書の提出

ア 設計構想提案書の作成について

次の(ｱ)から(ｴ)までの内容を設計構想提案書としてA1判の用紙1枚に表現してください。用紙は横使いとし、記述する文字は、図中に記載の文字を除き、14pt以上を使用してください。ただし、「(ｲ) 設計の基本的な考え方」については文字数を2,000文字程度としてください。その他の項目についての文字数の制限はありません。また、表現方法は自由としますが、参加者が特定できるような表示をしないでください。

計画する敷地及び建物の条件については別紙1「計画条件」を、主要な諸室については別紙2「各室諸元表」を参照してください。

(ｱ) 本競技登録番号

設計構想提案書の右上に縦:1.5cm× 横:5cm程度の枠を設け、その中に本競技登録番号を表示してください。

(ｲ) 設計の基本的な考え方（2,000文字程度）

設計構想提案における設計の基本的な考え方を示すとともに、下記の項目についても記載してください。また、その他主張したい事項があれば記載してください。

A 展示スペースについて

B パッサージュ（※）、エントランス、講堂、カフェ、レストラン、ミュージアムショップ等の来館者エリアについて

※（仮称）大阪新美術館における「パッサージュ」とは：
展覧会入場者だけでなく幅広い世代の人が誰でも気軽に自由に訪れることのできる賑わいのあるオープンな屋内空間

C 収蔵庫、管理エリア等のバックヤードについて

D 屋外空間について

(ｳ) ゾーニング、動線計画図

パッサージュ・講堂などのコミュニケーションエリアや展示エリア、保存研究エリア、管理エリア、駐車場、外構などのゾーニング（階層構成を含む）及び動線計画の考え方を表現してください。

(ｴ) 主要な外観及び内観イメージ図（ただし、設計図、精密な透視図や模型写真な

どを求めるものではありません。）

主要な部分を適宜選んでください。視点及び表現方法は自由とします。

また、各イメージ図のコンセプトを合わせて記載してください。

なお、コンセプトの文字は14pt以上としてください。

イ　提出書類及び提出部数

(ｱ) 設計構想提案書 正本（A1判　1枚）　1部

設計構想提案書（A1判）を厚さ７㎜のスチレンボード（外枠不要）に貼付して作成してください。

(ｲ) 設計構想提案書　副本（A2判　1枚）　20部

設計構想提案書（A1判）をA2判にカラーで縮小した印刷物（パネル化は不要）を、折らずに提出してください。

(ｳ) 設計構想提案書 PDFデータ　1式

設計構想提案書１枚当たり５MB以内のファイルにして、CD-Rで提出してください。

なお、提出するCD-Rには、「設計競技名」及び「本競技登録番号」を明記してください。

ウ　受付場所

事務局（４ページ参照）

エ　受付期間

平成28年９月23日（金）～平成28年９月30日（金）

（本市の休日を除く。）

オ　受付時間

受付期間中の午前９時から正午まで及び午後１時から午後５時まで

カ　提出方法

持参、郵送または託送によるものとします。ただし、郵送または託送による場合は、平成28年９月30日（金）午後５時までに必着となるよう指定して送付してください。なお、発送及び到着の記録が残る対応を必須とします。

(2) 第１次審査の評価視点

「適合性」「機能性」「創造性」「防災安全性」「環境性」などを総合的に審査します。

(3) 第１次審査の結果通知

設計構想提案書を提出した者には、審査結果について、その旨を書面により通知します。また、審査結果については、設計構想提案書を提出した者あてに通知した後、本市ホームページ等に掲載します。

(4) 設計構想提案書の作成及び提出に要する経費

参加者の負担とします。

## 3　第２次審査について

(1) 設計提案書及びプレゼンテーション参加者報告書の提出

ア　設計提案書の作成について

第１次審査で提出した設計構想提案書をより具体的に表現した設計提案書を作成してください。

次の(ｱ)から(ｹ)までの内容をA1判の用紙３枚以内に表現してください。用紙は横使いとし、記述する文字は、図中に記載の文字を除き、14pt以上を使用してください。ただし、「(ｲ) 設計趣旨」については、文字数を2,000文字程度としてください。その他の項目についての文字数の制限はありません。また、表現方法は自由としますが、第２次審査参加者が特定できるような表示をしないでください。

(ｱ) 本競技登録番号

設計提案書の１枚目の右上に縦:1.5cm×横:５cm程度の枠を設け、その中に本競技登録番号を表示してください。

(ｲ) 設計趣旨（2,000文字程度）

次の項目について新美術館の設計に対する考え方を記載してください。

・配置及び外構計画、意匠計画（平面・立面・断面など）、構造計画、設備計画、災害対策、環境計画（環境負荷低減及び長期利活用など）

ただし、記載内容については、提案内容に盛り込み、概算工事費にも反映してください。

その他、主張したい事項があれば記載してください。

(ｳ) 計画概要

建築面積、延床面積、各階床面積、主要部門の床面積、構造、階数、階高、最高の高さ、駐車台数を記載してください。主要部門の床面積は、別紙２「各室諸元表」を参考として、エリアごとに算定するとともに主要室面積も算定してください。なお、面積算定の対象となる主要室は、別紙３「主要室について」を参照してください。

(ｴ) 計画図

・配置図

縮尺は1:1,000とし、美術館、サービス施設、植栽、歩道（中之島３丁目からの歩行者デッキを含む）、車路、駐車場、駐輪場などの配置を表現してください。

なお、配置図は平面図と兼用可能とし、その場合の縮尺は1:600とします。

・各階平面図

縮尺は1:600とし、室名を記入してください。

・立面図

縮尺は1:1,000とし、２面以上の立面図を表現してください。

・断面図

縮尺は1:1,000とし、２面以上の断面図を表現してください。

(ｵ) 外観パース（1面）

視点及び表現方法は自由とします。（模型写真も可とします）

(カ) 内観パース（2面）

パッサージュ、展示エリアについて、それぞれ作成してください。視点及び表現方法は自由とします。

(キ) 仕上げ表

展示室、パッサージュ、講堂、収蔵庫、展示ホールの内装及び外装の仕上げを記載してください。

(ク) 概算工事費及び算定根拠

別紙４「工事費概算書【作成例】」を参考に、工事種別（建築、電気設備、機械設備など）ごととし、建築については建物、外構に分けて計上するとともに複数棟ある場合は棟ごとの計上としてください。なお、概算工事費は別紙１「計画条件」に記載の額を超えないこととします。

(ケ) 概略工程表

別紙５「工事工程表【作成例】」を参考に、計画施設の整備にかかる工事工程を記載してください。

イ　プレゼンテーション参加者報告書【様式７】の作成について

「第４、３、(2)、ア、(イ)」を参照

ウ　提出書類及び提出部数

(ア) 設計提案書正本（A1判　３枚以内）　１部

設計提案書（A1判）を厚さ７㎜のスチレンボード（外枠不要）に１枚ずつ貼付して作成してください。（以下「設計提案パネル」という）

(イ) 設計提案書副本（A2判　３枚以内）　20 部

設計提案書（A1判）をA2判にカラーで縮小した印刷物を、折らずに（ステープルも不要）提出してください。

(ウ) 設計提案書PDFデータ　１式

設計提案書１枚当たり５MB以内のファイルにして、CD-Rで提出してください。

なお、提出するCD-Rには、「設計競技名」及び「本競技登録番号」を明記してください。

(エ) プレゼンテーション参加者報告書【様式７】　１部

エ　受付場所

事務局（４ページ参照）

オ　受付期間

平成29年１月６日（金）～平成29年１月16日（月）

（本市の休日を除く。）

カ　受付時間

受付期間中の午前９時から正午まで及び午後１時から午後５時まで

キ　提出方法

持参、郵送または託送によるものとします。ただし、郵送または託送による場合は、平成29年１月16日（月）午後５時までに必着となるよう指定して送付してください。なお、発送及び到着の記録が残る対応を必須とします。

(2) 公開プレゼンテーション及びヒアリングの実施について

平成29年１月下旬から平成29年２月上旬に設計提案書に基づいて、参加者によるプレゼンテーションと委員によるヒアリングを公開で行います。

なお、日時、場所、留意事項等は、第２次審査参加者に別途通知します。

ア　プレゼンテーションの方法

(ｱ) プレゼンテーションは、設計提案パネルを用いて行ってください。また、プロジェクターによるスクリーン投影を行うことができます。設計提案パネルの内容の拡大表示や分割表示は可能としますが、設計提案書以外の追加資料・補足資料のスクリーン投影は認めません。

(ｲ) プレゼンテーションの参加者は、プレゼンテーション参加者報告書【様式７】に記載の管理技術者１名（必須）、各担当（主任技術者）の中から最大２名の合計３名以内とします。

(ｳ) プレゼンテーションは１者につき15分以内とします。

(ｴ) プレゼンテーションで使用するパソコンやデータは、各自持参してください。

(ｵ) プロジェクター、ケーブル及びスクリーンは事務局が次の機器を用意します。専用のアダプタが必要な場合は各自持参してください。

・プロジェクター　：　NP-PE401HJD（NEC製）

・ケーブル　：　ミニD-Sub15ピンケーブル

イ　ヒアリングの方法

委員によるヒアリングは、プレゼンテーションに引き続き行い、１者につき15分程度を予定しています。

(3) 第２次審査の評価視点

設計提案書、参加者によるプレゼンテーション及び委員によるヒアリングをふまえ、「適合性」「機能性」「創造性」「防災安全性」「環境性」「実現可能性」などを総合的に審査します。

(4) 第２次審査の結果通知及び公表

ア　通知

設計提案書を提出した者には、審査結果について、その旨を書面により通知します。

イ　公表

審査結果については、設計提案書を提出した者あてに通知した後、本市ホームページ等に公表します。なお、本市ホームページにおいては、結果と合わせ、最優秀案、次点案、その他第２次審査参加者が提出した設計提案書についても掲載します。

(5) 設計提案書の作成及び提出に要する経費

第２次審査の参加者に対して、50万円を支払うものとします。

ただし、基本設計業務の契約を締結した者には設計料の一部に含めるものとします。

## 第５　その他

### １　使用する言語、通貨及び単位

日本語、日本国通貨、日本の標準時及び計量法に定める単位とします。

### ２　提出書類の取扱い

⑴ 第１次審査参加者として参加資格を有している旨の通知を受けなかった場合は、設計構想提案書を提出することはできません。

⑵ 第２次審査参加者として選定された旨の通知を受けなかった場合は、設計提案書を提出することはできません。

⑶ 提出期限以降における提出書類の差し替え及び再提出は認めません。

⑷ 参加表明書、プレゼンテーション参加者報告書は返却しません。

⑸ 第２次審査参加者の設計構想提案書及び設計提案書は返却しません。ただし、それ以外の参加者による設計構想提案書については、同提案書の提出時に返却を希望した者に限り平成29年４月以降に返却します。

⑹ 設計構想提案書及び設計提案書の著作権は参加者に帰属しますが、提出書類は、大阪市が必要と認めるときは、公表することができるものとします。

⑺ 第２次審査参加者の設計提案書については、選定結果として本市ホームページで公表するほか、展示会等において公表することがあります。

⑻ 提出書類は、選定を行う作業、並びに公表に必要な範囲において、複製を作成することがあります。

### ３　設計業務の契約について

⑴ 契約の締結

本市は最優秀案を提案した者を設計候補者として「第５、３、⑵、ア」の業務における契約締結の交渉を行います。

なお、最優秀案を提案したものと契約の締結に至らなかった場合は、次点案を提案した者との契約を行います。また、委託契約は大阪市契約規則に基づいて行います。（別紙６「建築設計業務委託契約書（案）」のとおり）

⑵ 本競技により選定された設計候補者が実施する業務の概要

ア　業務の内容

（仮称）大阪新美術館建設工事基本設計業務（建築・設備）

イ　履行期間

契約日（平成29年３月下旬）から平成29年９月29日（金）までの期間

ウ　履行場所

本市指定場所

⑶ 契約金額

８千５百万円以内（税込み）とします。

契約時に前払金として契約額の３割相当額を支払います。支払手続きは、「公共工事の前払金に関する規則」及び「公共工事の前払金取扱要領」に従います。なお、前払金の支払いにあたっては、保証事業会社との保証契約の締結が必要となります。

(4) 契約保証金

ア　契約保証金　要

ただし、契約規則第37条第1項各号のいずれかに該当する場合は免除する。

イ　保証人　不要

ウ　契約締結時において使用する言語及び通貨　日本語及び日本国通貨

エ　契約書の作成の要否　要

(5) 設計候補者として特定されたときには、遅滞なく大阪市契約関係暴力団排除措置要綱に基づく誓約書（契約金額が500万円以上の場合のみ）を提出するとともに、契約締結の手続きを行うこと。

(6) 契約締結までに、大阪市契約関係暴力団排除措置要綱に基づく入札等除外措置を受けたときは、契約の締結を行わないものとします。

(7) 契約締結後、当該契約の履行期間中に契約者が大阪市契約関係暴力団排除措置要綱に基づく入札等除外措置を受けたときは、契約の解除を行います。

(8) 設計業務について

美術館及びサービス施設の運営上の観点から本市が求める内容について、設計者は設計業務を通して本市と協議を行い、設計案に反映すること。

また、設計時に算出する概算工事費及び工事発注時に算出する工事費が合理的な理由なく、第２次審査時に提案した概算工事費を超えた場合（ただし、物価変動が原因になるものを除く）は、設計者の責において修正案の提示が必要です。これに応じない場合は、以降の契約は行わない場合があります。

## 4　無効となる提出書類

提出書類が次のいずれかに該当する場合、無効とすることがあります。

(1) 提出方法、提出先、提出期限を守らなかった場合

(2) 指定した様式と異なる様式を使用した場合

(3) 記載上の留意事項に示された条件に適合しない場合

(4) 記載すべき事項の全部または一部が記載されていない場合

(5) 記載すべき事項以外の内容が記載されている場合

(6) 虚偽の内容が記載されている場合

(7) その他、審査会議が不適切と認めた場合

## 5　失格となる事項

次のいずれかに該当する場合、失格とすることがあります。

(1) 大阪市競争入札参加停止措置要綱に基づく停止措置を受けた場合

(2) 委員またはその関係者に対し、本競技に関して不正な接触または要求をした場合

(3) 他者の作品を盗用した疑いがあると審査会議が認めた場合
(4) 既に発表済の作品により参加した場合
(5) その他、不適切と認められる場合

### 6 その他

(1) 業務の実施にあたっては、本市と十分に協議を行うこととします。
(2) 本競技に係る手続きは、WTOに基づく政府調達に関する協定の適用を受けます。
(3) 「（仮称）大阪新美術館建設工事基本設計業務（建築・設備）」を契約締結した者は、予算措置の状況によりますが、引き続き実施設計業務及び工事監理業務を別契約で委託する予定です。
(4) 本件業務を受注した者（共同事業体構成員及び協力者を含む。）が建設事業者と資本・人事面等において関連があると認められる場合、当該関連を有する建設事業者は、本件業務に係る工事の入札に参加しまたは当該工事を請負うことができません。
(5) 審査における提出物の著作権に関する第三者との紛争において、本市が損害賠償等の責任を負った場合には、当該損害賠償等に相当する額を当該提案者は本市に対し賠償することとします。

## 第6 Summary

(1) Nature and Quantity of the services to be required:
Basic design (buildings and facilities) of the construction of the Osaka City Museum of Modern Art (tentative name)
(2) Deadline for submission of application:
5:00 p.m. on Friday 2 September, 2016
(3) Deadline for submission of documents related to the first round of screening:
5:00 p.m. on Friday 30 September, 2016
(4) Deadline for submission of documents related to the second round of screening:
5:00 p.m. on Monday 16 January, 2017
(5) Contact information for documentation relating to the proposal:
Planning and Design Department, Municipal Facility Building Division,
Urban Redevelopment and Housing Bureau
The City of Osaka
1-3-20, Nakanoshima, Kita-ku, Osaka
530-8201
TEL: (06) 6208-9357

遠藤克彦《えんどうかつひこ》

国立大学法人茨城大学 大学院理工学研究科都市システム工学専攻教授

株式会社遠藤克彦建築研究所 代表取締役

1970年――横浜市生まれ

1992年――武蔵工業大学(現東京都市大学)工学部建築学科卒業

1995年――東京大学大学院工学系研究科建築学専攻修士課程修了

(東京大学生産技術研究所原広司研究室在籍)同大学院博士課程進学

1997年――遠藤建築研究所設立

以降、軽井沢千ヶ滝の家(2003年)などの別荘設計や、EdgeA(2006年)などの店舗設計を手掛け、山形大学工学部創立100周年記念会館に係る公募型プロポーザル(2006年)などにも応募

2007年――株式会社 遠藤克彦建築研究所に組織改編

以降、軽井沢深山の家(2010年)などの別荘や、La Cienega West(2011年)、東京大学生産技術研究所アニヴァーサリーホール(2012年)などの設計を手掛け、一方で、柏崎市新市民会館プロポーザル(2009年)、前橋市美術館(仮称)プロポーザルコンペティション(2011年)、浜頓別町交流館基本実施設計業務公募型プロポーザル(2016年)など、多数のコンペやプロポーザルに応募。うち、豊田市自然観察の森

及び周辺地域整備設計委託業務（2007年）は最優秀案選定、豊田市自然観察の森ネイチャーセンターは2010年に竣工し、第15回公共建築賞優秀賞を受賞（2016年）

2017年――大阪新美術館公募型設計競技にて最優秀案選定（※新美術館の正式名称は2018年に「大阪中之島美術館」と決定。2022年2月2日開館）。同年4月大阪オフィス開設

長者丸VIEW TERRACE（2017年）、系の家（2019年）などの住宅を手掛け、また、2019年よりKYOTOGRAPHIE 京都国際写真祭などの展示セノグラフィーにも参画しつつ、多数のコンペやプロポーザルに応募

2018年――茨城県大子町新庁舎建築設計業務公募型プロポーザルにて最優秀案選定

2019年――本山町新庁舎基本計画・基本設計業務プロポーザルにて最優秀案選定

2020年――佐々町庁舎建設工事基本設計・実施設計業務委託に係る公募型プロポーザルにて最優秀案選定

2021年――鋸南町都市交流施設周辺整備設計業務委託プロポーザルにて最優秀案選定（設計JV／遠藤克彦建築研究所＋アトリエコ設計共同体）。（仮称）門真市立生涯学習複合施設基本設計等業務公募型プロポーザルにて最優秀案選定

2023年――2022年度JIA日本建築大賞（公益社団法人日本建築家協会主催）を大阪中之島美術館により受賞。

# 黒い直方体と交錯するパッサージュ

## 大阪中之島美術館 建築ドキュメント

学芸員・行政担当・コンペ審査員・構造家・建築家の証言

発行　2023年8月26日　初版

著者　遠藤克彦

談話　菅谷富夫
洞正寛
山梨俊夫
嘉名光市
竹山聖
佐藤淳
大井鉄也
外崎晃洋
原広司

発行者　片山誠
発行所　株式会社青幻舎
京都市中京区梅忠町9-1
Tel. 075-252-6766　Fax. 075-252-6770
https://www.seigensha.com

撮影　上田宏：p.8-159、186-201
髙橋菜生：p.185

編集　柴雅子、戸山真里（遠藤克彦建築研究所）
編集協力　白須寛規、春口滉平
アートディレクション　上田英司（シルシ）
グラフィックデザイン　叶野夢（シルシ）
編集統括　鎌田恵理子（青幻舎）

印刷・製本　日本写真印刷コミュニケーションズ株式会社


ISBN978-4-86152-887-3 C0052